JN230941

マネーの代理人たち
ウォール街から見た日本株

小出・フィッシャー・美奈

はじめに

日本の株式市場を動かすのは外国人投資家である。
私のキャリアの前半の15年ほどはマスコミ業界で、日本のテレビ局のアナウンサーや報道記者として働いたが、後半の15年以上は外資系金融機関に勤めて日本株の投資運用や調査に携わった。主にニューヨークとボストンの職場で働き、日本の外から日本を見ることになった。また日本株を動かすグローバル投資家との数多くのディスカッションや交流を通じて、彼らの日本に対する見方を理解する機会も得た。

株式投資の話をする関係上、本書には若干の金融用語も出てくるが、私はエコノミストや株式のストラテジストではないので、本書は経済の専門書ではない。著者がグローバルな投資業界での個人的な体験を通じて見聞きし、考え、感じたことをまとめたエッセイである。私の体験を共有することによって、株式の運用や調査という仕事がどういうものか、そこで働くのはどういう人々か、また世界の投資マネーはどう流れ、そのなかで日本はグローバル投資家からどう見られているか、さらには世界の投資マネーと社会との関係といったことについて、読者の方々に少しでも興味と関心を持っていただければ、それ以上の幸せはない。

私の大学での専攻はスペイン語と国際関係論で、商学部や経営学科ではない。社会人前半のキャリアも会計や財務とは無縁で、30代でビジネススクールに行くまで企業のバランスシートや損益計算書もほとんど見たことがなかったことを白状しなくてはならない。私自身が分からないところから始めたので、著者の母を念頭に、金融や投資業界にまったく関係のない方でも親しんでいただけるように、なるべく分かりやすく書くことを心掛けたつもりである。

私にとってはじめての著作となる本書発行の機会を与えてくださったディスカヴァー・トゥエンティワンの干場弓子社長、編集者の千葉正幸さんと塔下太朗さん、また私に本書の執筆を勧めてくださった東京新聞前論説委員の今里義和さんに深く御礼と感謝の言葉を申し上げたい。また執筆期間中、何かと気遣ってくれた夫にも感謝の言葉を贈りたい。

平成29年10月　小出・フィッシャー・美奈

マネーの代理人たち　ウォール街から見た日本株

目次

第2章 セル・サイド――アナリストたちの市場影響力が決定するもの

第3章 「マネーの代理人」としての投資運用業
――顧客のマネーを最大化するプロフェッショナルたち

第4章 「アルファ」を求めて——ファンドマネジャーの仕事とは

第7章 ウォール街から見る日本の「国際競争力」
――評価を左右する企業の「コミュニケーション能力」

第8章 グローバル市場の中の「アベノミクス」
――「官製市場」の行方をどう見るか

第9章 誰がマネーの流れを変えるのか？
——始まりつつあるサステイナビリティへの動き

プロローグ

「それはないだろう!」
普段柔和なシンさんの顔が怒りで紅潮しているのが分かる。こめかみのあたりの動脈が浮き立っている。

インド人で一番多い苗字はシンという名前らしいから、シンさんという仮名にしておこう。シンさんは東京駐在の日本株専門アナリスト。がっしりした体躯に角ばった顔つき、目もぎょろっと大きくて一見こわもてに見えるが、笑顔になると突然人懐っこい印象に変わる。日本在住が長く、日本語はほぼ独学にもかかわらず驚くほど流暢で、飲み屋で知り合った日本人のおじさんたちと意気投合してすぐ仲良しになりそうな、親しみやすい人柄である。

シンさんは、日本人が運用している投資ファンドでもあまり調査に出向かないような小さな日本企業をきめ細やかに回り、新しい投資アイディアを常に生み出している。汗っかきなので、電車を乗り継いだり歩いたりする夏場の移動に大きなハンカチは欠かせない。

性格は庶民的だが、住んでいるのは外国人の多い表参道近くの高級マンション。ここに住んでいる外国人の多くは「エクスパット・パッケージ」と呼ばれる高額の海外在住者手当をもらっている。シンさんはそうした手当をもらっているわけではないが、近年は欧米系企業が香港やシンガポールの拠点を増強して東京駐在員の数を減らしたため、外国人向け高級物件に空きが目立つようになった。シンさんはそこに目をつけて、得意の交渉で手が届く価格まで家賃を大家に下げさせたのだ。

それでも月の家賃は50万円ほど。日本のサラリーマン感覚からすると高値の花だが、同じような高級マンションに住んでいる同業の友人らとの付き合いもある。またインド人の奥さんも裕福な家庭の出身で、ロンドンやパリで暮らしてきたので、一定のステータスを要求されるのかもしれない。2人の間には女の赤ちゃんが生まれたばかりだったから、スペースも必要である。

シンさんの所属する日本株ヘッジファンドはニューヨークを本部にしており、ファンドマネジャーはフランス語を母国語とする人物である。フランス人で一番多い苗字はマルタンという名前らしいから、こちらもそれを仮名にしておこう。スラリとした痩せ型筋肉質のマルタンさんはダンディーでブランド物をおしゃれに着こなし、冬場は革ジャンにデザイナーもののニットのスカーフなどを首に巻き、サングラスできめている。

ファッショナブルな店舗の並ぶダウンタウン高級住宅地のモダンなアパートメントに暮らして、奥さんはモデルのような美女。投資はリスク分散するが、スリルを味わう体験が大好きで、趣味はヘリコプターからスキーを履いて飛び降り、そのまま急斜面を滑走するヘリ・スキーだ。

日本語を話すわけではないが、投資の世界に入ってからずっと手がけてきたのはアジア。とりわけ日本株の運用年数は長く、それをマーケティングのときの売りにしている。ファンドはリサーチ重視を看板にしているが、自らはトレーダー出身でテクニカル面を重視するので、保有している株の「チャートの形」が悪くなると、3日でさっさと売ってしまったりもする。

若い頃は金がなかったらしい。レストランのウェイターをして稼いだチップで生計を立てていた、という苦労話をアナリストたちによく聞かせる。無名で金のないところからここまで資産を築いた自負があるから、仕事については完璧なる実力主義者である。投資の運用実績は「パスポート」のようなもの、それがあればどこに行っても通用するというのがポリシーで、運用成績をあげられない奴はいらないと言ってはばからない。仕事には熱くなるタイプで、保有株が思うように動かない日は、机を叩いて怒鳴りまくる。

こうした実績主義の厳しさは、投資アイディアを持ち込むアナリストにも当然向けられる。アナリストが見つけてきてファンドに採用された銘柄は、そのアナリストのポジションとして運用成績がトラッキングされ、アナリストの年末ボーナスは、その「成績表」と直接リンクする。成績表とは、投資業界で「アルファ」と呼ばれる、運用者の「目利き」による投資リターンや投資利益を測るスコアである。「アルファ」がうまく上がればボーナスが増えるが、上がらなければ減らされるというわけである。

ことの発端はシンさんが見つけてきた、ある小型の日本株、A社株だった。最初の一、二週間、A社株は勢いよく上昇し、ファンドのベスト・パフォーマーとなった。ファンドマネジャーのマルタンさんは上機嫌で、投資金額を積み増した。東京とニューヨークを結んで定期的に投資アイディアの交換を行うチームの電話会議でもA社株は大いに話題になり、マルタンさんから褒められたシンさんも、株価の上昇余地はまだまだある、と強気だった。

ところが、である。A社株は最初にシンさんが見つけてきたので、メンバー各自の運用実績を記録する「成績表」では、当初シンさんの銘柄として、A社株から上がった「アルファ」は全てシンさん個人の査定につながるものとして記録されていたのだが、ファンドのA社株への投資額が大きくなるにつれ、マルタンさんがこれをチーム全員のポジションにしようと言い出したのだ。マルタンさんは、自分も投資額積み増しの判断を下したし、他のアナリストも協力して調査に加わったから、これはシンさんひとりの貢献ではなくチーム全員のコラボだ、と主張した。

シンさんは不満だったに違いないが、もともとお人好しな性格に加えて、ポートフォリオマネジャーに対するアナリストの立場は弱い。ポートフォリオマネジャーに逆らってもその先良いことはまずないので、結局A社株をシンさんひとりのポジションから「チーム・ポジション」にすることに合意した。

この頃にはA社株はファンドの中での最大ポジションとなっていたが、この株が年末時点で大きくファンドの運用成績に貢献しても、ボーナスの査定では、「アルファ」の貢献は、シンさんひとりのものから、チーム全員で分割計算されることになってしまったのだ。

しかし、当初力強く上昇したA社株は、途中から大きな理由もなく方向転換をして急落を始める。

小型株はどこかの大手保有者が売り出すと、需給が急速に悪化して、企業業績とは関係なく株価が大きく下がることがよくある。そのうち落ち着くと見ていたら、株価は購入した価格を割ってさらに下落。気がついたときには、ファンドのベストパフォーマーからワーストパフォーマーに変わっていた。

ここでマルタンさんはあきれた行動に出る。A社株が堅調だったときにシンさんのポジションから自分を含む「チーム・ポジション」に変えたばかりなのに、株が下がったら「もともとお前が持ち込んだ投資アイディアだろう」と言って、A社株を「チーム・ポジション」から、再びシンさんのポジションに戻してしまったのだ。シンさんの成績表には、利益の代わりに大きな損失が記録された。「それはないだろう！」というのは、シンさんのこのときの、もっともな抗議の声だった。

マルタンさんは、大きな損失額の記録されたシンさんの成績表を会社の上層部に回して「問題アナリストの件」という主旨で報告した。子どもが生まれたばかりで高い家賃を払っているシンさんは、クビになってしまったのである。

ヘッジファンドの解約率は高い。足の速い顧客資金は波のようにやってきて、波のように引く。毎月ファンドに投資をする顧客への報告義務があり、せっかく顧客がついても運用成績が上がらなければ、すぐ解約されてしまう。運用成績と運用資産の多寡はファンドマネジャーにとっては常にプレッシャーとなる。ちょうどファンドに資金がつきはじめて、マルタンさんが集客のための運用実績にとりわけ神経質になっている時期だった。

マルタンさんは40歳前後のシンさんをクビにした直後、30歳そこそこだが大手の投資機関から来たやり手のアナリストを代わりに採用した。ひょっとしたら、株を入れ替えるポートフォリオのように、メンバーを入れ替える計画が先にあったのかもしれない。

株式投資の世界には、あらかじめ行使権を購入しておけば、市場価格が大きく下がったときでも契約価格で売却できる「プット・オプション」という一種の保険のような商品がある。株が上がったらファンドマネジャーの成果となり、株が下がったらアナリストの責任になってしまうのでは、ファンドマネジャーがアナリストを、困ったときの「プット・オプション」に使って自分の責任をヘッジしているのと同じである。

問題を部下の責任にする上司はどこの組織にもいるが、投資ファンドでは、アナリストが最初に見つけてきた銘柄でも、それに実際投資するかどうかの判断、また投資金額や売買のタイミングはファンドマネジャーの裁量であることが多い。「保険」に使われる部下のほうはたまったものではない。

ところが、こうした卑怯な手を使われたのにもかかわらず、シンさんはマルタンさんと、とことん喧嘩はしなかったようだ。「アット・ウィル」と呼ばれる米国流の、雇用主の自由採用・解雇に基づく雇用形態では、理由なくクビにされても文句は言えない。会社側に訴えたところで、会社はアナリストよりも、集客力を持ち収益に貢献してくれるポートフォリオマネジャーのほうを守るだろう。

その後、こういうやり方で仕事を追われたシンさんが、マルタンさんとまだ良好な関係を保って、ときどき電話で話したりしていると聞いて驚いた。聞くところによると、シンさんが次の就職口を見つける際に、マルタンさんから新しい雇用主に一声かけてもらったとか。悔しさを押し殺して生活のために対立を避けたのか、それとも嫌な出来事は忘れたいという人間心理がはたらいて、心の中で「なかったこと」にしたのか、私にはずっと理解できないままである。

これは私がグローバルな投資会社に働いて見聞きした実話ドラマである。他にもいろいろあるが、書けないことも多い。

私は日本のマスコミで勤務した後、ビジネススクールを経て転職し、グローバルな投資運用業界の片隅で日本株に投資しながら15年ほど働いた。いわゆる「外資系投資ファンド」と括られる業界である。

どんな業界でも人が作る組織である以上、多様なドラマがあるだろう。私の見てきた世界はそのひとつでしかない。ただ、「投資ファンド」という言葉に「外資」をくっつけると、とかく日本ではイメージが悪い。日本の同業者と同じような仕事をしていても、外資だとすぐ「ハゲタカファンド」などと呼ばれて、血の匂いを嗅ぎ分けて弱った餌食にたかる、ずる賢い猛禽類のイメージで語られる。日本株が大きく下落したりすると、背後でこうした「ハゲタカファンド」が暗躍しているのではないか、などと囁かれることになる。

しかし、実際には外資系ファンドという顔のない「陰謀」がそこいらをほっつき回っているわけではない。シンさんやマルタンさんのように、顔を持った一人ひとりの人間が、日本株を含めた世界のマーケットを動かしている。投資機関で働く金融プロフェッショナルの多くは、他人の資産を運用するために雇われた「マネーの代理人」に過ぎず、勤勉に働き、懸命に自分の家族を支えようとする生活者なのだ。

外資金融業界に日本企業のような終身雇用制はなく、雇用環境は常に不安定で、競争も激しい。生き残るためには、毎日自分を律して、目に見える成果をあげていかなければならない。そして、投資業界で「目に見える成果」と言った場合、それはまずファンドや株価のパフォーマンスという数字のことであり、その数字、つまり運用者の成果は、常に市場の動きに左右される。

だが、この大きく複雑なグローバル資本市場は、なんらかの意図を持つ一部の参加者が自在に、かつ継続的に動かせるものではない。日本株だって、「外資」が短期トレードでいつも荒稼ぎできるほど甘くはない。

誰かが計画的かつ意図的に市場を動かしているというよりも、シンさんやマルタンさんなどの投資家皆が、誰にもうまくコントロールできなくなった市場の混乱の中で右往左往しているというのが実情だ。

投資にかかわる数多くの職業人は、ドライな雇用環境や成果主義評価、マーケットの荒波に押されながら、株価の基本となる事業の価値や「株主価値」を見極めようと、情報の洪水と毎日格闘している。その多くの人々の姿勢は、投資対象の本質を見抜く眼力を磨きたい、顧客のために付加価値を上げたい、というプロとしての真摯なものである。

「外資」と呼ばれるグローバル資本に対する拒否反応や不信は日本だけのものではない。マネーのグローバル化に伴う極端な格差や環境破壊など、自由主義経済の行き過ぎに対する批判や反省の声は世界中で高まっている。マネーを世の中に回す投資業界は、そのシステムの中心に位置するともいえるだろう。一方で世間にはマネーの仕組みについての誤解も多い。株式市場だけでなく自由主義そのものについても、顔のよく見えない勢力が、それを意のままに動かして社会の諸問題をつくりだしているという陰謀論の類はよく聞かれる。でも実際にはこちらも、誰かがうまく操作しているというより、システムが誰にもうまくコントロールできなくなっている、といったほうが実態ではないだろうか。

マネーをめぐる誤解の中には危険なものもある。たとえば、グローバル化によって自国経済や自国労働者が一方的に不利な立場に置かれている、だから外資や外国製品や外国の人間など、外のものは全て締め出せ、自国主義で行け、という排他主義や偏狭なナショナリズムの論調である。問題意識がシステムの健全な見直しにつながればよいが、システムに対するフラストレーションが、魔女狩り的な「悪者探し」や、問題解決には全く結びつかない方向に向かってしまうことが心配だ。

トランプ氏を大統領にしてしまったアメリカで暮らすと、つくづくこうしたことを考えてしまう。トランプ氏は選挙戦で、NAFTAやTPPという「外資」を叩き、グローバル化は真面目に働く労働者（＝氏のメッセージでは、あくまで「白人」労働者という意味だが）の職を奪ってそれを移民や国境の向こうのメキシコなど外国人労働者に与え、正直者のアメリカ人がバカをみる社会をつくりだしていると訴えた。

彼自身は、グローバル化の恩恵を存分に受けるニューヨークの出身で、かつ裕福な中国人などを「トランプ・タワー」のテナントとするなどグローバルな事業で富を蓄えた「1％」に属する人物であるから、この矛盾は甚だしい。しかし票を取るための嗅覚は鋭かった。

トランプ氏が票を獲得したのは、アメリカ第一主義のアピールだけが功を奏したためではない。勝因のひとつは、多くの白人有権者の怒りや心の奥底に潜む「ヘイト」を巧みにくすぐる氏のメッセージにあった。人種や性別問題などで偏見や差別につながる発言を控える、マイノリティに配慮しよう、というオバマ前政権時代までの「ポリティカル・コレクトネス」を打ち破れ、というのがそれだ。大統領に就任してからも、自ら剥き出しの移民排斥や人種差別、女性や同性愛者への蔑視を助長するような発言を繰り返して物議を醸している。

こうした空気の中、2017年8月にはバージニア州のシャーロッツビルで、ナチスドイツの鍵十字の旗を振りかざした白人至上主義らのデモ行進と、それに抗議する市民らの衝突が起こり、死者まで出た。

こうしたご時世では、グローバル資本の欲ばかりが強調され、投資マネーが社会で果たす役割についてはあまり語られない。でもマネーは、体を流れる血液のようなものである。ガンガン回りすぎてバブルの高血圧になってもリスクが高まるが、枯渇したら組織が壊死して、さまざまな活動が止まってしまう。

金融機関や投資活動は、社会から資金を幅広く集め、資金を必要とする事業にそれを送り込んで、個人や企業の手持ちキャッシュだけでは到底できないプロジェクトを可能にする。そうしたプロジェクトから多くのモノやサービスやイノベーションとともに利潤が生まれ、それがさらに再投資に向けられて、新しい工場が建ち、オフィスが開設され、雇用が生まれ、人々の日々の営みやコミュニティが維持される。

自由主義経済では常に投資家だけが得をしているという見方にも誤解がある。投資とは、常に損をするリスクがつきまとうものである。損をするかもしれない投資行動にリターンという期待がなければ、投資行動自体が起こらず、世の中に必要なマネーが回らなくなってしまう。

そもそも「投資家」とは誰だろう。株式市場を流れるマネーは誰のお金で、どこからきているのだろう。株の「投資家」とは、単に株式に投資をする人や機関のことだ。よく考えれば、巨大な投資機関やスーパーリッチな個人だけが投資家なのではない。投資マネーの出どころを辿れば、その多くは我々の個人マネーから始まっている。マネーのオーナーという意味では、我々個人の一人ひとりも「投資家」なのである。

たとえば、今日の資本市場で巨人のような存在である公的年金や保険、欧米でミューチュアルファンドと呼ばれる投資信託などの大手投資機関のマネーも、もとをただせば、年金積立金や保険の払込金、預金や投資預かり金など、多くのささやかな個人マネーが原資になっている。

こうした大手投資機関は投資運用代行会社と区別するために「アセット・オーナー」と呼ばれるが、実際には年金や保険掛け金や預金などを委託している多くの個人が真の資産「オーナー」で、これらの大手機関投資家はそうした受託者らの「運用代行者」ともいえるだろう。

株式投資などは一切ごめんだから私は銀行貯金しかしていません、という人でさえ、意図せず「投資家」になっている。年金や保険、また貸し先の見つからない日本の金融機関はその資金を国債や外債、また一部は内外の株式やオルタナティブ投資で運用しているので、年金や保険の受益者や銀行預金者のマネーは「投資マネー」として、国債を含む債券や株式ファンド、また一部はヘッジファンドなどにも流れているからだ。サラリーマンの方であれば、今や毎月給与から天引きされる厚生年金の半分は株式、その半分は日本株で運用されている。

であるから、これら大手投資機関は、信を託した多くの人々の期待に応えるためにも、リターンをあげなくてはならない。投資家の利益追求が全て強欲であり悪だ、と決めつけるのは勝手だが、世の中の投資マネーがリターンを生まなくなってしまったら、それが年金や保険金や利子の支払いなどに響いて困るのは我々である。

ではマネーの仕組みのどこに、陰謀論が生まれるような原因や問題があるのだろうか。そのひとつとして考えられるのは、マネーのオーナーシップと「マネーの代理人」の関係である。

投資マネーが世の中を循環する仕組みの中では、多くのプレーヤーが他人のマネーを「代理人」として運用し、その代理人がまた別の代理人にマネーを託している。年金や保険や財団などが我々多くの一般個人から集めたマネーは、投資運用業者という代理人に委託され、その代理人であるファンドマネジャーらによって世界の株式に投資されているが、そのマネーが投資された企業の経営者も、オーナーである株主の代理人として会社を運営している。そして企業の代理人として、多くのサラリーマンやサラリーウーマンが働いている。

「みんなが誰かの代理人」というこの構図の中では、オーナーから資産を託された代理人が、オーナーの意向や希望をきちんと汲んで行動せずに、自分の都合でことを運んでしまう「エージェント・リスク」がいつも問題になる。どうせ他人のものだから、と代理人が預かったマネーに十分な注意を払わなかったり、与えられた仕事を手抜きしていい加減にやっつけたり、あるいはオーナーから託された資産を自分の利益に役立てることばかりに専念してしまう、といったことだ。

金融業界でも産業界でも、報酬の水増し請求、過去の実績の過大広告、会計操作など成果についての不正なレポーティング、ひいては違法な手段による目標数字の達成や顧客資産の横領に至るまで、さまざまな不祥事やモラルにかかわる問題がたびたび発生している。個々のケースはそれぞれ違っていても、マネーを巡るモラルの問題に共通するのは、代理人が「顧客のために最善を尽くす」という代理人としての立場をすっかり忘れてしまっていることである。

こうした事態が起こる背景には、代理人に適切なインセンティブが与えられていないことがある。代理人が目先の報酬を得るために、顧客を無視して過度なリスクをとったりする利益相反が起きないよう、代理人に正しいインセンティブが与えられているかどうかを再確認する必要がある。

投資業界についての問題をもうひとつ挙げるならば、投資マネーの代理人たちにこれまで与えられてきた使命が、もっぱら「資本の効率」、つまり投資マネーの最大化一本やり、だったことである。

日本でもアベノミクスで、企業のＲＯＥ（株主資本利益率）８％を最低限とする目標が国をあげて掲げられた。ＲＯＥとは、投資家の資本に対して企業がどのくらいの利益をあげたかという、マネーの効率の指標である。

アセット・オーナーが投資マネーの効率だけを追えば、その代理人である投資運用会社やファンドマネジャーも、短期的な超過リターンにつながりそうな「勝ち組」企業への選別を強める。投資家が世の中のマネーが集中する企業への選別を強めれば、市場で資金を調達しようとする企業側も、マネーの集まりそうな事業プロジェクトに投資をし、そうでない事業を敬遠するインセンティブがはたらく。

こうしてマネーの効率を優先する代理人たちの選別を通して、世の中のマネーは流れるところにますます流れ、流れないところにはますます流れなくなるという偏りを生む。

極端な格差や地球規模での環境破壊、劣悪な雇用環境など自由主義経済の瑕疵が生み出す問題は、広範な社会利益と相反する。本来統制経済などに比べてずっと効率的に機能するはずの自由主義経済も、こうした問題を放置しておくと、システムそのものが機能不全に陥るリスクが増大する。資本効率だけが世の中の投資行動の基準である限り、マネーが流れる仕組みと社会のニーズとのギャップはなかなか埋まらない。

では、我々の誰もが組み込まれているマネーの仕組みの機能不全を防ぎ、社会にとって健全なものとして維持するにはどうしたらよいのか。ここからは、「外資」投資業界で働く人々の生の姿も追いながら、読者の方々と一緒に考えていきたい。

第1章 それでも投資は面白い

――マネーの動きを追えば、世界が見えてくる

情報産業としての投資という仕事

「どうしてまた転職なんてしたの？　あなたが人を追いかける仕事から、お金を追いかける仕事に転職するなんて、意外だわ」

この質問、というか、意見をくれたのは、日本人ではなく、アメリカ人の友人、仮名エミリー。ＮＰＯに勤めて二匹の猫を飼うエミリーは、優しい性格だが、自分の意見ははっきり言う。

私は、民放テレビ局でアナウンサーや放送記者として勤めた後、現場取材を離れたのを契機に退職し、ビジネススクールを経て米系証券会社の株式調査のアナリスト職に転職をした。

30代も終わりにさしかかっていて、外資系企業は社員が相対的に若いから、上司の多くが同世代か年下となった。テレビ局では一応報道デスクとして管理職だったのが、金融業界に転職後は周りの人間より年上なのに経験ゼロという、「遅れてきた新人」としてのキャリアのやり直しとなった。

なぜマスコミでの蓄積を棒に振って投資にかかわる仕事に転職したのかとよく聞かれた。そして、この冒頭の友人の声。投資やマネーにかかわる仕事は欲まみれでダーティだという見方をする人は、国内外を問わず結構いるのだ。


ではなぜ私はマスコミ業界から金融業界、それも一般にどうもイメージの芳しくない投資運用の世界に転職したのか。

そのときの事情や巡り合わせもあるが、ひとことで言うと、投資という仕事が「面白い！」と思えたからだ。だから転職がスムーズにいったのだと思う。

金融業界、なかでもマーケットにかかわる仕事は、究極の情報産業だ。市場は企業のミクロの動きから世界経済のマクロの動き、天候や自然災害や政府規制や政治の動き、世界各国の政策合意や地政学的な動きに至るまで、世の中で起こるありとあらゆる事象に敏感に反応してダイナミックに動き続ける。この得体の知れない生き物のような市場の次の動きを読もうと思ったら、常に世の中の動向にアンテナを張って注意を払っていなくてはならない。

マネーがどこを流れてどう循環するかという動きを追っていくと、世の中の仕組みに対しての理解が深まるし、クレジットサイクルや景気サイクル、バブルやバブル崩壊など幾度となく市場で繰り返されるマネーの波動を観察していくと、失敗に学ばない人間の性（さが）のようなものさえ考えさせられる。

投資にかかわる仕事は、報道機関に働きニュース現場にいたときと同じように広い世界について学ぶ機会を与えてくれ、知的好奇心を多いに満たしてくれるものだった。かなり古くなってしまうが、以前勤めたテレビ局が高視聴率の波に乗っていた頃のスローガンに「面白くなければテレビじゃない」というのがあった。「面白くなければ仕事じゃない」とまでは言わないが、仕事が面白いに越したことはない。面白さを感じていなければ異業種から転職しても長続きしなかったと思う。

マネーは未来を追いかける

では、投資にかかわる仕事に就くと、どういうことが見えたり学べたりして「面白い！」のか。

まず市場は未来志向なので、投資の仕事では先のことをあれこれ考える。株価とは本来、企業が「将来」にわたって生み出すキャッシュフロー、つまりこれから先の現金の流れに基づくものだ。株価を形成するのは、すでに発生済みで市場に見えている利益やキャッシュフローではなく、まだ見えない先の世界の予測である。企業の未来の競争力や業績動向を予測する仕事は、時代の最先端の技術や出来事を追いかけることであり、近未来の我々の社会の姿を考えることにもつながってくる。これは夢があって楽しい作業である。

私は90年代終わりのＩＴバブルの頃に米国にいて、携帯電話の業界を調査していた。まだアンテナ付きでテレビのリモコンのように分厚い携帯電話を人々が持ち歩いていた頃である。その中で、ＮＴＴドコモのフィーチャーフォン、「ｉモード」が大ヒットして、多機能携帯時代の幕開けを告げる画期的商品として世界から注目されていた。

ちょうどその頃、その時点から10〜15年後、つまり２０１０年から２０１５年くらいの携帯サービスがどうなっているかを予測した「未来レポート」が出て、話題になった。その内容は、携帯電話がパーソナル・セクレタリーとなり、朝は優しく好きな音楽で起こしてくれ、その日の天気やスケジュールを伝えてくれる（Ｓｉｒｉという名前はまだなかった）。車に乗ったら携帯がそのままカーナビになり、喉が乾いたら携帯で自動販売機からコーラも買える、帰宅前には出先から携帯で家の中のスイッチを入れたり、お風呂を沸かしたりできる、といったものだった。

スマホが普及した今となっては、この大方のテクノロジーが現実のものとして普及しているので、だからどうした、という感じでとくに新鮮味はない。でもｉモードの絵文字付きのショート・メッセージや着メロのカスタマイズに興奮して騒いでいた時代には、これらの機能は全て絵空事だったのだ。

そして、今の株式市場ではＡＩ（人工知能）やＩｏＴ（Internet of things）など、次の時代のテクノロジーの夢物語が注目されている。

腕に巻いたウェアラブルが家電製品に埋め込まれたチップやセンサーと情報交換して、朝の寝覚めの気分や睡眠の深さによって音楽やコーヒーの濃さを自動的に変えてくれたり、その日の体調や体温に応じてエアコンや照明を勝手に調整してくれたり、新しいソファーを買うのにバーチャルな空間に仮想商品を並べて手触りを比べることまでできたり、冷蔵庫が自動的に足りなくなったミルクや卵をオンラインで注文してくれて、３Ｄプリンターで作ったピザやクッキーを食べたりする日を考えるのは面白い。

マネーを追うと世の中が分かる

　市場を観察すると、世界がいかにつながっているかということへの理解も深まる。「東風が吹けば桶屋が儲かる」ということわざがあるが、マネーの動きを追うと、桶屋が儲かったり損をしたりするシステムの背後に予想もしなかった多くの企業活動が国境を超えて密接に結びついていることが分かる。

　たとえば中国で住宅の売れ行きが悪くなると、中国は世界の鉄鋼需要の４割以上を占め、その半分は建設用途だから、たちまち世界の鉄鋼需要が落ち込む。鉄鋼需要が落ち込んだら鉄を作るための鉄鉱石やコークスの需要も急落して、それらの原材料の価格が急落する。鉄鉱石などの価格が下落したら豪州やブラジルなどの鉱山会社の利益が悪化して、保有する鉱山の資産価値も下落する。そうすると海外の鉱山プロジェクトに投資をしている日本の商社やメガバンクも保有資産の価値を見直して投資損失準備金を積み増すなど、損失計上しなくてはならなくなる。また鉄鉱石やコークスの需要が減ったらそれを運ぶ船の需要も減るからバルチック海運指数に示される貨物船の運賃価格も下落して、日本の海運会社も悲鳴をあげる。船の運賃が下がったら運賃価格を前提に投資リターンを計算する造船プロジェクトも採算が合わなくなってくる。造船ドックに多くの空きができると造船の街の飲み屋だって影響を受けて、ママさんが溜息をつくことになる（なお、現実に中国の鉄鋼はすでに過剰生産。中国の不動産バブルと隠れた不良債権は日本の90年代をはるかにしのぐ規模となっていることを数多くの調査機関が指摘している。中国バブルがはじけた場合の、日本や世界への飛び火が心配される）。

江戸時代の浮世絵草子の「東風」と「桶屋」の連鎖は、「風が吹いてちりが舞い、盲人が増える」「盲人が増えれば盲人の弾く三味線の需要が増える」「三味線が増えればそれに使われる猫が減る」「猫が減ればネズミが増える」「ネズミが増えれば桶が齧られる」「桶の需要が増えて桶屋が儲かる」という、一見繋がっているようには思えないところに連鎖が存在するという喩えだが、実世界の産業連鎖は東風と桶屋の関係よりも複雑で、世界のある場所の動きが思わぬところに影響してくる。

図1

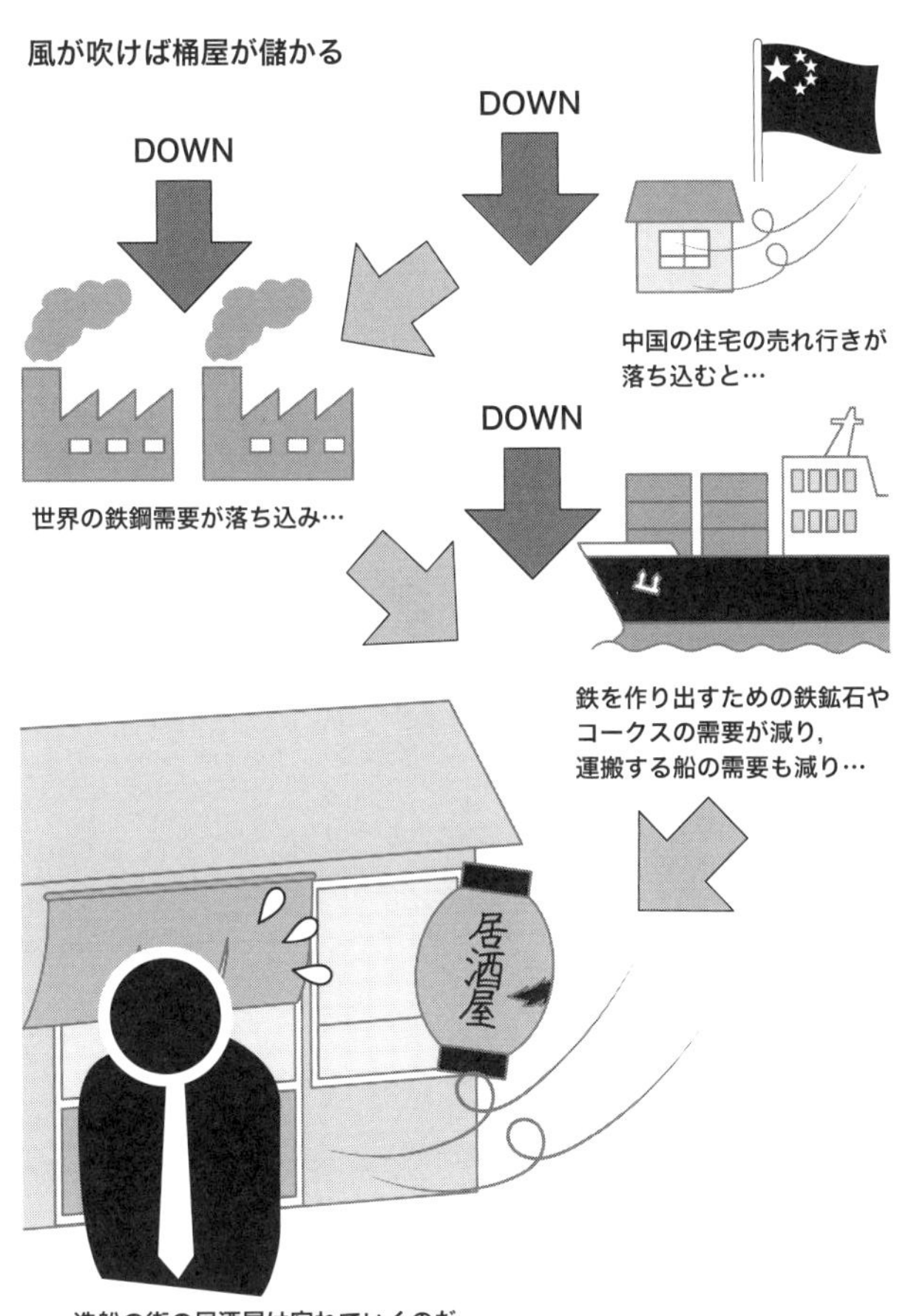
風が吹けば桶屋が儲かる
DOWN
DOWN
中国の住宅の売れ行きが
落ち込むと…
世界の鉄鋼需要が落ち込み…
DOWN
鉄を作り出すための鉄鉱石や
コークスの需要が減り,
運搬する船の需要も減り…
居酒屋
造船の街の居酒屋は寂れていくのだ

世界とつながる日本

私たちの身の回りの生活品を見回しても、その一つひとつに世界中の企業活動が集約されている。

たとえばスマホ。世界で毎年10億台以上も売れている携帯電話の製造チェーンには、半導体や素材、部品のメーカー、また半導体や部品を作るための精密機械メーカーや化学薬品企業や組み立て用のロボットを提供する工作機械メーカー、それに組立加工を行うアセンブリ業者まで、驚くほど多くの企業が組み込まれている。

さらに、出来上がった携帯を動かし、その上で多用なサービスを提供するために、インフラを支える通信会社をはじめ、アプリを提供するソフトウェア会社やゲーム企業、それに携帯を販売する代理店などが集まって、一つの小宇宙を形成している。スマホが売れなくなったら困るのはアップルやサムスン電子や中国の携帯製造企業ばかりではない。日本の部品や製造装置、素材メーカーを含め世界中の数多くの企業が風邪を引いてしまう。

マネーの動きを追うと、世界経済の中に日本がいかに組み込まれているかについても考

図2　東証株価指数（ＴＯＰＩＸ）の産業別構成

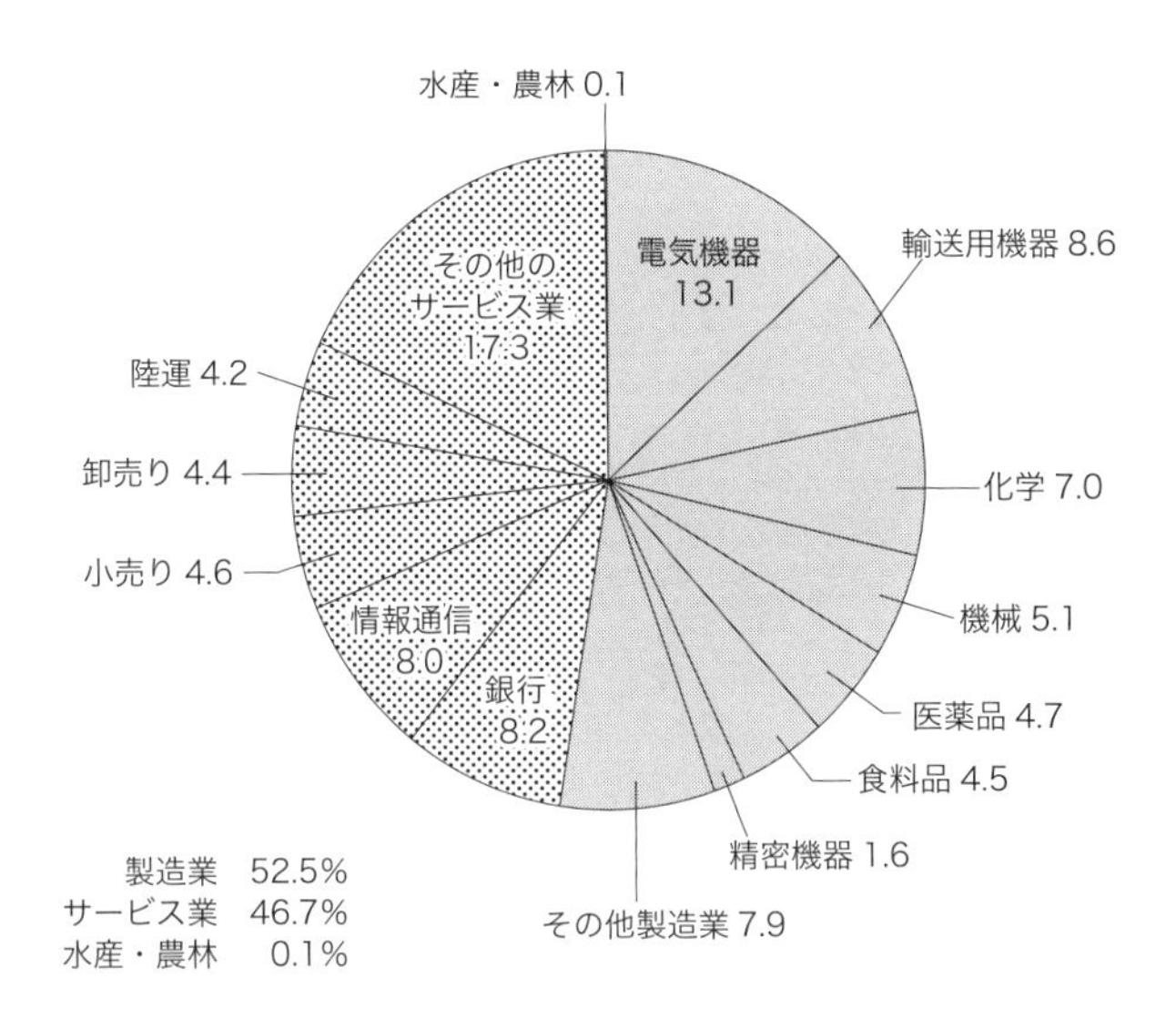

出典：Bloombergより筆者が作成（2017年7月6日現在）

えさせられる。

日本の経済はＧＤＰの構成を見るかぎりではサービス中心の内需型経済で、輸出は１４・５％（出典：ＩＭＦ国際金融統計）でしかない。１９７０年代に私が学んだ高校の社会科の授業でも、すでに日本は第一次産業である農業や第二次産業である工業をとっくに卒業して、第三次産業、つまりサービス業中心の経済に移行したと習った記憶がある。

このように、ＧＤＰの構成比だけ見ると、日本は内需、サービス業中心の経済で、海外で何が起きようとあまり関係がないように思えるかもしれないのだが、この「内需型日本」という数字は、日本株を市場で追いかけたときの実感とは随分異なる。

たとえば、株式を公開している日本企業、すなわち日本経済の顔ともいえる企業のリストを見れば、図２のグラフのように東証株価指数の構成比で製造業が半分以上を占め、その中でも輸出型製造業のウェイトが高いことが分かる。これらの大手輸出型企業は日本国内の数多くの中堅・中小のサプライヤーと取引をして国内で生産を行っているが、ＧＤＰデータの上では下請け企業のアウトプットは輸出ではなく、あくまで国内取引の扱いになる。また日本には輸出製造企業やその従業員を相手にしている数多くの「サービス業」もあるが、これらも同様に国内取引のカウントとなり、データの上では世界経済との接点などないように見えてしまう。

しかし、日本を代表する製造業者の多くは海外と取引をしているから、世界経済の波をまともに受ける。日本を代表する輸出製造業が世界経済の波を被れば、その影響はこうした多くの国内製造業者やサービス業者にも及んでくる。日本経済はやはり世界の景気に敏感なのである。

リーマンショックから見えたこと

市場が大きく調整するときには学ぶことが多い。リーマンショックのときは、日本と世界が思わぬ強さでつながっていて、強風で桶屋が吹っ飛ぶ仕組みを見せつけられた。

風船を膨らませたように見える図３は、リーマンショックの頃の日米の景気循環をプロットしたものだ。日本の経済産業省が発表している鉱工業生産指数と米国商務省統計局のデータから製造業全体の月ごとの出荷と在庫のデータを抽出して、前の年の同じ月と比べた変化率を追っている。それぞれの点は、横軸の値が前の年の同じ月と比べた出荷の増減、縦軸の値が前の年の同じ月と比べた在庫の増減をパーセンテージで表している。

この図は景気循環をビジュアルに捉えることができるので便利だ。この図では、景気は時計と反対周りの動きをする。活況のときには企業の受注や出荷が増えて、企業は顧客の注文に備えて在庫を積むから、横軸も縦軸も前年同月比プラスとなって、景気は右上（Ⅰ）の好況期にくる。でもやがて需要がピークアウトすると、受注の低下とともに出荷が下がって横軸が前年同月比マイナスになる。

注文や出荷が減っているのに生産レベルがそのままだと在庫は積み上がってしまうから、縦軸のほうは前年同月比プラスとなり、景気は左上（横軸がマイナスで縦軸がプラス）の後退期（Ⅱ）に入っていく。

企業が受注や出荷減少という新しい状況に対応するため、生産を絞って在庫の処分にとりかかると、出荷と在庫どちらも前年同月比マイナスとなって左下の不況期（Ⅲ）に入るが、在庫が解消するのにしたがって徐々に受注や出荷が回復して前年同月比プラスに転じ、右下の回復期（Ⅳ）に入っていく。

こうして景気循環のサイクルは続く。

近年はＩＴ技術も進化して企業は在庫を溜めてしまわないよう計画的な生産をしている

図3　在庫循環日米比較（2005～2010年）

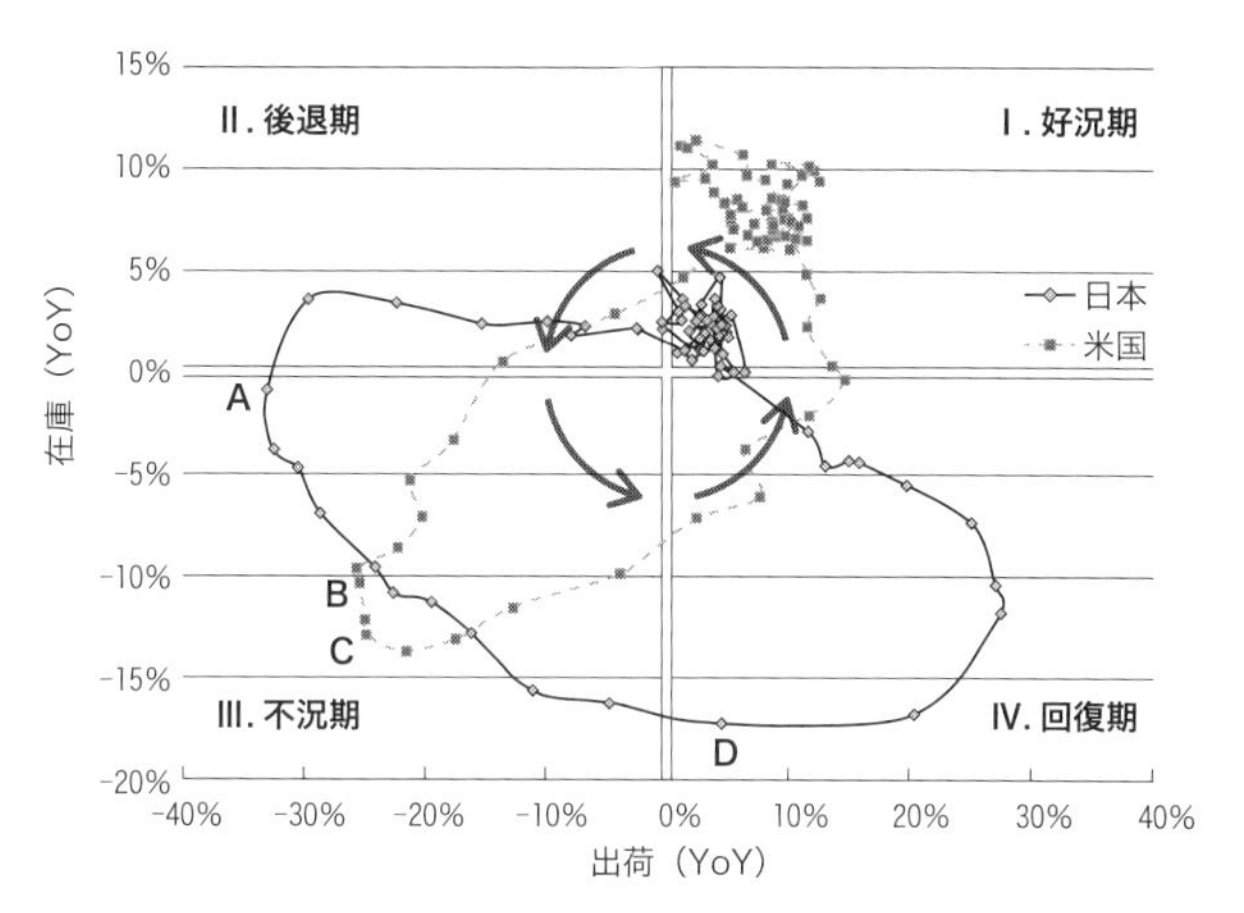

A＝出荷ボトム(日)：2009年2月 -33%
B＝出荷ボトム(米)：2009年6月 -25%
C＝在庫ボトム(米)：2009年8月 -14%
D＝在庫ボトム(日)：2009年9月 -17%

出典：経済産業省鉱工業生産指数、米国商務省統計局データを元に筆者が作成

から、普通の景気サイクルでは前年比での出荷や在庫のブレはそう大きくない。だから普段はこうしたチャートを作っても、ごちゃっとした塊ができるだけである。この表でも右上に固まっているのが2005年から2008年の夏までのサイクルで、はっきりしたトレンドはつかみにくい。

でもご覧のとおり、2008年秋からのリーマンショックのサイクルでは、その衝撃の大きさがはっきりとチャートに現れた。リーマンショックの直後から半年もの間、出荷は毎月毎月悪化を続け、2009年のはじめには鉱工業生産が日本全体で前の年に比べて3割以上も落ち込んだのだ(点A)。

日米を比べても、日本の輪の広がり方のほうが大きく、経済が受けたショックがより強かったことが分かる。受注や出荷の減り方も日本のほうが激しかったし、受注や出荷の減りに応じた在庫調整も日本のほうが時間がかかっている(点Aから点Dまでおよそ10ヶ月。米国は点Bから点Cまでの3ヶ月間程度)。2008年の暮れに海外の大手メーカーに製品を納入している日本のメーカーを取材したら、月の受注が文字どおりゼロになったという話を聞いた。

しかし、そこからの立ち上がりは強かった。落ち込みが極端だった分、2009年秋以降の回復では国全体で受注や出荷が前年同月比3割増などと極端に強くなり、日本企業の底力を見せることとなった。

「夜明け前が一番暗い」ということわざがあるが、振り返れば、リーマンショックで世の中が一番悲観的になっているときが、絶好の株の買い場であったことになる。

いずれにしてもマネーを追ってこうした世の中のつながりを見ると、世界はとても小さく感じられる。

投資を通して見えてくる組織と人の関係

投資という仕事に携わり企業活動を追うと、人が作る組織やシステムについても考えさせられる。

企業は社長が動かすのだろうか？　そうだともいえるし、そうでないともいえる。組織の意思決定プロセスというのは不思議なもので、権限とか権力というものは上に行くほど儀式的なものになって空洞化し、よく見れば見るほど誰が決定を行って組織を動かしているのかが曖昧になる。我々の一人ひとりは、企業や社会というシステムの構成員として組み込まれているが、一方で、我々一人ひとりがそのシステムを動かしてもいる。

最初にそんなことを思ったのは、80年代後半にテレビ局の記者として政治経済部に配属され、首相官邸や省庁や政党や政治家の取材をしたときだった。

政治のことを「政り事(まつりごと)」ともいうが、政治リーダーの役割は儀式を司る祭司のようでもある。政治のトップは利害が対立する政策をまとめ、政治決着が行われた政策の象徴となるが、実際その政策が立案されるまでには多くの人々の意見や団体の利害やその対立、また時代の要請が絡み合っている。

私が駆け出しの「番記者」として担当したのは、圧倒的多数派経世会のドンとして自民党を牛耳り、その数の力を背景に消費税導入をごり押しした竹下登首相だったが、驚いたのは、その権力者の毎日が、役人が作成した分刻みのスケジュールに管理されてコマネズミのように忙しく動き回るばかりだったことである。

15分刻みで面会が詰まっている日も珍しくなく、日程の中には「青森ミスりんごの花の表敬訪問と写真撮影」などという儀礼的な行事も多くて、自由に使える時間は極めて限られている。寝技師と呼ばれた竹下首相のことだから、政党間の折衝や次の選挙を睨んだ党内派閥の数合わせなどの「政局」についてはあれこれ策を練っていたにちがいない。しかし「政策」の多くは首相の元に届くときにはすでに形ができあがっていて、首相は行政の長としてそれに形式的な判を押すだけということが多い。竹下首相自らがしょっちゅう呟いていた言葉が「つかさ、つかさ」であった。司、すなわち各官庁間でよろしく取りまとめてくれ、という意味である。

総理大臣に権力や責任がないと言っているのではもちろんないから、それは断っておきたい。しかし、組織のトップというものは実際にはさまざまな利害がぶつかりあう場所に置かれていて、その制約を受ける。

誰が国をコントロールしているのか――政治取材を始めて「権力」というものを追いかけようとした途端、私の目の前でそれはとても曖昧なものとなった。

権力は上に行くほど空洞化するという不思議な感覚は、その後、湾岸戦争が勃発した頃の外務省など省庁取材を担当したときも、覚えることになる。大きな節目で決断を下すのは大臣や局長であるが、その決断は下から上がってきた小さな決定の総体であったり、下から上がってきた情報に基づくものであったりすることが多い。

記者がちゃんと取材するなら、現場の若い課長クラスのほうがずっと詳しい情報を持っている。トップ交渉で物事が決まった場合でも、実務者の調整がなければ実行に移すことは困難だから、実際にプロジェクトを動かすのは、若手の中間管理職だということも多い。局長クラス以上の役職が「お飾り」ポストに見えてくる場合すらある。

しかし、では現場の課長らが真の「権力者」なのかというと、公の場に出ることの多い局長さんたちが洗練された格好をしているのに対し、若いキャリアたちは、ボサボサ頭にシャツの袖をまくりあげ、役所の廊下をサンダル履きで歩き、民間サラリーマンより低い給与で、予算や国会対応が入ると連日明け方まで働いていて、大きなビジョンを語る余裕などない。彼らも「権力」のイメージからは遠い。

これに似たことは、投資業界に転職をして、企業取材をしたときにも目の当たりにした。経営最高責任者（CEO）はその企業の顔であり、トップのビジョンは今後の企業の方向性を探るうえで鍵となるので、ファンドマネジャーやアナリストは企業の最高責任者とのミーティングを極めて重要視する。しかし組織のトップの実際の仕事の多くは調整役なのだ。優れた戦略を立てるためには、組織の末端から幅広くさまざまな情報を吸い上げてそれを分析する能力が問われるし、経営判断をした後には、利害を調整して決まった方向に組織をまとめて引っ張っていく力が求められる。日本の財閥系大企業などでは、海外もあわせて子会社の数が何百にもなる会社もある。それらの一つひとつをトップが把握しコントロールするのは、至難の業である。

こう言うと、米国企業などはトップダウン経営だから違うだろう、と反論されるかもしれない。もちろん、アップルのスティーブ・ジョブズのように、この人がいなければ企業の歴史が変わっていたという、インパクトの強いビジョナリー経営者がいる会社は、米国に限らず世界にある。それでも多くの場合、トップだけが一人で全てを動かしているわけではない。米国企業などでは、実際はかなりの部分が組織の力で動いているのに、トップ経営者だけが桁の違う巨額報酬を得たりして企業の成果や評価を独り占めしてしまう傾向が強いのではないか。専制君主型のリーダーであっても、まったく組織の中からの要請や必要性がないところで間違った采配を振るえばやがて孤立して見捨てられるか、組織が機能不全に陥って決定したことを実行に移すのも困難になるだろう。

トップが株式市場受けする大目標を立てたものの、業績発表で結果がついてこなくて株価がコケる企業は世界中にある。そうした企業ではたいてい、経営陣が現場の情報をうまく吸い上げていないか、現場がトップの意思を共有して動いていない。

一人ひとりの権限は限られているかもしれないが、スポットライトなど浴びずに真面目に働く絶対多数の現場のサラリーマンやサラリーウーマンが、実際には企業組織や社会を動かす機動力となっている。企業が提供する多くのモノやサービス、企業が公表する業績数字の一つひとつの裏側には、それを実現させた人々の日々の努力が隠れている。

ラボに閉じこもって最先端のバイオ新薬の試験に没頭する研究者、肉眼では見えないような微細な技術の量産化に挑戦するハイテク技術者、地球の果てのような場所まで出かけて資源プロジェクトを見守る現場監督者、ちょっとしたアイディアや工夫でヒット商品を生み出す企画開発者、顧客に何度も頭を下げて新規契約をゲットする営業マン……企業活動を裏で支える多くの人々の人間ドラマを想像すると、投資という仕事は俄然、「面白い！」仕事となる。

投資は人や社会を学ぶ仕事でもあるのだ。

第2章
セル・サイド
――アナリストたちの市場影響力が決定するもの

日本人で一番多い苗字は「佐藤」なので、佐藤さんという仮名にしておこう。佐藤さんは、日系の証券会社から外資系に転職した電子部品担当のアナリスト。几帳面で真面目な性格は、いつもきちんと散髪された髪や銀ぶち眼鏡、どちらかというと流行を追わないコンサバティブな服装、ソフトで丁寧な言葉遣いに表れている。

佐藤さんは根っからのテック（テクノロジー）おたく。手持ちのパソコンから携帯電話まで、片っ端から電子機器を分解しては、分解し終えた基盤やコンデンサーの類をオフィスに並べる。そういう作業をしているときの佐藤さんは、玩具を得た子どものように嬉しそうである。仕事以外の趣味は、車。大人しい性格と思いきや、高速道路では前の車を追い抜かしながらガンガン飛ばすので、同乗者は青くなる。本当は物事に熱くなるタイプなのかもしれない。

佐藤さんは、業界では名の知れたトップアナリストとして尊敬されている。半分は趣味でやっているのではと勘ぐりたくなるものの、実は、佐藤さんが電子機器をいちいち分解する理由は、その機器のどこにどの国のどの企業の部品がそれぞれいくつ使われているか、自分の目で見て確かめるためなのだ。

各々の部品の単価がいくらで、どういう原材料をどこから調達してどういう工程で作られ、月にどれくらいそれを作る生産設備があるのかなど、調べられることは徹底的に調べて、調査対象企業の国際競争力を測るのである。

「セル・サイド」と「バイ・サイド」

日本の書店で株式投資の本を探すと、デイトレーダー向けの「チャート攻略法」といった書物が目立つ。どうも世の中では、株式投資とは株価の「ローソク足」[1]などのテクニカル指標を見て短期の売買を繰り返すことだと考えられている節がある。ことさら外資系ファンドなどは、短期利益を狙ったトレードばかりやっているように思われているのかもしれない。

1　一日、一週間、一年など、一定期間の株の始値と終値を比べて、株が上がったか下がったかに基づいて、「陽線」「陰線」と呼ばれる白黒のローソクのような縦線を引き、その長さの変化によって買いと売りのどちらが優勢になりつつあるかを見るもので、もともとは江戸時代に、大阪・堂島のコメ相場師が開発したものだそうだ。市場センチメントの変化を推し量るのに便利で、欧米でも「キャンドルスティック」と呼ばれて、主要なテクニカル指標の一つとしてよく使われる。

しかし、株式投資とは本来、株を買うことによって企業の一部のオーナーとなり、その企業の将来の成長にコミットする行為であり、短期利益を狙った「投機」とは区別されるものである。株式投資にかかわるプロフェッショナルの多くも、そうした長期投資の考えに基づき企業の競争力、業界や事業の構造、企業業績などのファンダメンタルズを時間をかけて分析する。それは、事業の価値や「株主価値」の本質を追い求めて、情報と格闘する世界だ。

私が米系証券会社に転職して最初に就いた株式調査の仕事は、投資業界では「セル・サイド」の「リサーチ・アナリスト」と呼ばれるものだ。証券会社は株式を「売る側」だから「セル・サイド」、これに対して投資運用会社は株を「買う側」だから「バイ・サイド」と呼ばれる。セル・サイドのアナリストが作成するレポートは、バイ・サイドの投資機関で働くファンドマネジャーやファンドマネジャーを補佐するアナリストの投資判断の参考にされるほか、その証券会社に口座を持つ個人投資家にもウェブサイトなどで提供されることが多い。

私は、入社して最初の9ヶ月ほどニューヨークの本社オフィスで働き、その後、日本の現地法人の東京オフィスに勤めた。冒頭の「佐藤さん」も、そこで私がお世話になった一人だ。

緻密なプロの企業調査とは

「セル・サイド」のアナリストは、顧客である「バイ・サイド」のファンドマネジャーやアナリストを相手に、この銘柄は買いをお勧めします、とか、こっちは売りです、などと株の売買を推奨する。顧客側も企業をよく知っていて十分情報を持ったプロなので、セル・サイドアナリストが存在意義を示すには、より深い業界知識と分析力、業界や企業の未来を予測する洞察力、そして株価の行方を言い当てる力量が問われる。

投資家のマネーが絡んでくるから、セル・サイドが発行するレポートに生半可な結論は許されない。「買い」か「売り」か「ホールド（妥当株価）」か。「買い」と「売り」の結論の場合は、現在の株価に対して何％のアップサイドやダウンサイドがあるのか。またその企業の今季、来季、再来期の売上高や利益やキャッシュフローはどうなるのか。将来予想にあたっては、具体的な数字と明確な投資結論を顧客に提案しなくてはならない。

だがレポートを発行した途端、すぐ次の決算で実際の会社の業績が発表される。会社実績が予想と全く違う方向に行っていたりすると、いかに自分が無知蒙昧であったかという恥がマーケット中に知れ渡り、顧客から冷ややかに嘲笑されるリスクを覚悟しなければならない。

当時私の所属した外資系証券会社の東京調査部には、野村や大和など日本の証券会社から転職してきた優秀な先輩アナリストが多くいた。彼らの情報収集にかける姿勢は半端ではない。決算などの公開情報を精査するのは当たり前のこと、その企業のサプライヤーや顧客企業のデータと突き合わせたり、さらには工場や量販店などの流通チャンネルに電話をかけまくって生産や在庫データを地道に積み上げる。これは「チャネル・チェック」と呼ばれる作業だが、ここから生産や出荷と販売のギャップをつかんで、数か月から半年先の業績動向を予測するのである。

代理店に売れている額をセル・イン、消費者に売れている額をセル・スルーと区別するが、たとえば代理店からの注文が旺盛で売り上げが伸び、足元の工場生産がフル操業で全てが順調に回っているように見えても、流通の末端で消費者が生産と同じペースで商品を買っていなければ、在庫が流通チャンネルのどこかで溜まっていることになる。そのままでいけば、いずれ工場への注文がストップし、生産が減速、売上・利益もタイムラグを伴って落ちることが予想される。

こうしたジグゾーパズルを丹念に集めて絵を作るような日本のアナリストの緻密な仕事ぶりは、企業分析の徹底と深度の点で、私がアメリカで出会ったセル・サイドのアナリストたちより優れていたと思う。

投資テーマを求めて

緻密な業績分析の一方で、業界を俯瞰して大きな長期的投資テーマを探し、それを顧客に提案する能力もセル・サイドのアナリストには必要である。

私の所属したテクノロジーチームでは、半導体製造業者や半導体装置の製造会社、部品製造業者、携帯やPCなどの民生機器メーカー、通信会社、それにインターネットのコンテンツを作る企業など、それぞれの業界を担当するアナリストが担当セクターのデータを持ち寄って、頭の体操のようなブレーン・ストーミングを定期的にやっていた。時代はちょうどITバブル。ある日のブレストのテーマは、インターネットの時代に付加価値を稼ぐ「勝ち組」のセクターや企業はどれか、であった。

このブレストのモデレーターを務めたのは、テクノロジーチームのリーダー。日本で二番目に多い苗字の鈴木さんとしておこう。鈴木さんは通信業界をカバーするトップアナリストで、極めて独創的な発想をする人だった。学生相撲の元チャンピオンで、体形も性格も太っ腹の親分肌。普段はおやじギャグを連発したりしてゆるいキャラだが、いったん思考モードに入ると、この人の頭の中はどうなっているんだろうと思うくらい頭の回転はずば抜けて速く、他のアナリストや顧客が舌を巻く鋭い切り口で業界分析をする。

この日の課題はこうだった。インターネット通信の世界には「OSI7層モデル」という、コンピュータなどの通信機能を階層構造に分割した規格がある（図4）。このモデルの鍵となる考え方は、ユーザーにより近い上層部のレイヤーが機能するためには、それを支える下層部の各レイヤーが独立的に機能し、かつ上層部の働きをサポートするだけの能力を持つことが前提だ、というものだ。鈴木さんの発想で、このOSIモデルを使ってテ

図4　ＯＳＩ　7層モデル

第7層	アプリケーション層
第6層	プレゼンテーション層
第5層	セッション層
第4層	トランスポート層
第3層	ネットワーク層
第2層	データリンク層
第1層	物理層

クノロジー業界のサプライチェーンを考えてみようということになった。

大きな黒板に四角いブロックが垂直に積み上げられたような絵が描かれ、一番下の「物理層」に相当する四角い箱には、半導体担当のアナリストがＤＲＡＭやフラッシュメモリなど今後の半導体デバイスの世界の供給や需要、生産能力などの予測数字をまず書き込む。その上の「データリンク層」の箱には、電子部品担当の先ほどの佐藤さんが半導体を組み込む電子部品を作るメーカーの需要予測や生産、製造能力のデータを書き加える。さらにその上の箱には、電子機器メーカーの担当者が電子部品や半導体を組み入れるＰＣや携帯電話の需要や生産や能力増産計画を書きこみ、その上にリーダーの鈴木さんと通信担当のジュニアアナリストによって、電子機器を使う通信業界の帯域処理能力や設備投資などのデータがインプットされていく。

なぜこうしたブレストをするのかというと、こうしたデータの積み上げを通じてサプライチェーンのどこに強い業界と弱い業界があるか、またどこに産業間での需要と供給のギャップがあるか、などを探るためである。

たとえばメディア企業がインターネットでリッチな動画コンテンツを流したくても、通信インフラが整備されていなければ帯域が足りなくて動画は流せないし、通信インフラ企業が立派なネットワークを持っていても、それにアクセスできるスマホや処理能力の高いPCが市場に十分行き渡っていなければ、利用できるユーザーが集まらず事業にならない。また民生機器メーカーが最新の携帯やパソコンをたくさん作りたくても、そこに組み込まれる部品や半導体の数やスペックが足りなくては思ったものが作れない。

テクノロジーが進化するとき、どの業界や企業が技術で先行しているのか。どの階層のどの技術が代替の利かない「ボトルネック」となって、それがなければサプライチェーンに支障が出るのか。最終的にどの企業がサプライチェーンの中でより高い付加価値を獲得し、有利なプライシング・パワーを享受できるのか。こうしたことを考察することが、次の長期的な投資テーマの発見につながる。

東京チームの緻密な分析作業は、ITバブルが弾けた時に威力を発揮した。同じ証券会社でも、米国本社のテクノロジーアナリストたちは概して一匹狼で、バラバラに仕事をして横の連携を怠っていたので、彼らの分析にはサプライチェーンへの考察が欠けていた。

インターネットやハイテクと名がつけば株価が上がったITバブルの時代には、弱気な調査レポートは人気がない。ニューヨーク本社から出される調査レポートの超強気な将来予測に比べて、東京のテクノロジーチームが出す調査レポートの数字はずっと控えめ。世界の携帯電話の将来の見通しをめぐって日米オフィスの普及台数予測が大きく違ったとき、ニューヨーク本社のアナリストは、東京チームの予想があまりにコンサバすぎる、と文句を言った。でも日本のテクノロジーチームは、携帯に組み込まれるはずの半導体や部品の生産能力の計画からいって、米国アナリストが言うような数字には絶対にならない、と冷静だった。そして、バブルが弾けたとき、正しかったのは日本チームのほうだった。

株価とは何か

さて、株価とは何だろう。目に見える市場の株価、ある時点での株の売買価格は、基本的には需給で決まる。売りたい人のほうが多ければ株価は下がるし、買いたい人の方が多ければ株価は上がる。

でも、セル・サイドやバイ・サイドで企業のファンダメンタルズを見るプロが追うのは、もうひとつの「株価」だ。それは、企業が展開する事業の価値や企業が保有する資産の価値に基づく「あるべき株価」、理論上の株価とか妥当株価と呼ばれるものだ。つまり、株の真の価値のことである。

セル・サイドのアナリストやバイ・サイドのファンダメンタル投資家は、市場がつけている株価と、株の真の価値の間にギャップがあるかどうかを見極めて、そこに投資機会を見つけるのだ。

ファイナンス理論は、こうあるべきという理論上の「正しい」株価、妥当株価とは何かについて、明確に答えている。そこで基本となるのは、企業が将来にわたって生み出すキャッシュフロー（注：厳密には「フリー・キャッシュフロー」＝企業が事業から稼ぐキャッシュから税金や将来必要な投資資金などを除いたもの）、つまり現金の流れの蓄積を「現在価値」で「割り引いたもの」だとしている。

「現在価値で割り引く」とは、将来出てくる価値を「今」の時点で見たらどれくらいか、という意味で、明日もらえる100円よりも今手にしている100円のほうが価値が高い、という考え方である。今手にしている100円を銀行に預けたり投資すれば、明日になれば利子がついたり、資産価格が上がることが期待できるからだ。逆にいえば、「今」の時点で見れば、明日の100円の価値はその利子や投資リターンの分だけ、手持ちの100円より価値が低いことになる。

ディスカウント・キャッシュフロー（DCF）という便利な計算式もあって、将来の予想キャッシュフローを積み上げ、それを現在価値に割引くことによって算出される「企業価値」からネットの借金（＝借金と現金の差、純借金）を差引いて[2]「株主価値」を求め、

2　借金から生まれた企業の価値は債権者のもので株主には属さないので、この分は差し引かなければならない。

それを発行済み株式数で割れば、理論上の「妥当株価」、つまり「正しい株価」が出てくる。妥当株価が分かれば、それと比べて市場がつけている株価が割高なのか割安なのかという目安にすることができる、というわけだ。

株式の価値を測る方法としてはDCF以外に、同じ業界や事業内容の似た企業を横に並べて、市場が与えている株価が類似企業に対して割高か、割安かを比較する方法もある。株価収益率[3]や株価純資産倍率[4]などの株価倍率（マルチプル）を、類似企業のそれと比べる手法は一般によく使われる。

株価と一株あたりの利益や純資産を比べて、同じ業界で似たような事業をやっているのに、特定企業のPE倍率やPB倍率だけが突出して安ければ、何が原因かそこからリサーチしてみる価値はありそうだ。一過性な市場のミスプライシングなのか、それとも株価がディスカウントされる構造的な要因があるのか見極めることが大切だが、ひょっとしたら一時的に市場から誤解されていて絶好の買い場になっているのかもしれない。

逆にこれという理由もないのに比較企業よりPERやPBRが割高なら、市場から過大評価されている恐れがあるので売ったほうがよいかもしれない、ということになる。

投資は「アート」。サイエンスではない

セル・サイドアナリストが、株式レポートで「買い」だとか「売り」、またアップサイド・ポテンシャルやダウンサイド・リスクが何割かというときに使う「妥当株価」は、DCF（ディスカウント・キャッシュフロー）なり、マルチプル（株価倍率）比較なり、何らかの「妥当な」基準に基づいて算出されている。

とはいえ、投資はサイエンスではない。妥当株価が将来の企業のキャッシュフローを積み上げたものだという理論があっても、その前提となるのはすでに発生して、今見えているキャッシュフローではなく、誰にも見えない「将来」のキャッシュフローでしかない。

仮に企業がこれが将来のキャッシュフローです、という「計画」を教えてくれたとしても、計画が思いどおりになる保証はないので、個々のアナリストが自分で推定するしかない。日本の景気見通しが悪化すれば、たちまち企業の事業の行方も不透明となり、アナリ

3　PEレシオとも呼ばれる。株価を一株あたり当期利益で割ったもの、株価÷一株あたり当期利益。
4　PBレシオとも呼ばれる。株価を一株あたりの「簿価」で割ったもの、株価÷一株あたり純資産。

ストはキャッシュフロー予想の見直しを迫られることになる。

また景気が変動すると、妥当株価計算式の「分子」にくるキャッシュフローの予測だけではなく、「分母」の割引率に含まれる「資本コスト」を計算するための「リスク・プレミアム」も変わってしまう。「リスク・プレミアム」というのは、損をするかもしれない、というリスクを取りにいく投資家が求める対価としての投資リターンのことである。

同じ１００円の値札がついているAとBという投資商品があるとしよう。同じ１００円でも、商品Aは政府保証がついていて、明日は確実に１０１円になると分かっている「リスク・フリー（投資損が発生するリスクがない）」の商品だ。一方、資産Bは、明日はひょっとしたら２００円に爆騰しているかもしれないが逆に30円に暴落しているかもしれないという価格変動、ボラティリティの激しい「リスク資産」だとしよう。同じ１００円の値札がついていても、AとBでは取るリスクが全然違っているわけだ。

景気が悪くなれば爆騰のポテンシャルより暴落リスクのほうが俄然高まるから、投資商品Bは言い値の１００円ではなかなか売れないだろう。でも40円と半額以下の大セールになれば買い手が現れるかもしれない。40円で今日買ったものが明日30円に下がれば10円の損だが、ひょっとして200円になれば5倍増。これくらいのリスク・リターンなら、十分投資妙味はありそうだ。この場合、リスク・フリー商品A（100円）に対するリスク商品B（40円）の市場でのディスカウント（60円）は、投資家の求めるリスク・プレミアムによって生じたものだと考えられる。

先の読めないマーケットほど投資先の信用が下がって損失リスクは高まるので、より高いリターンが期待できなければ投資が割りにあわない。だから、リスク・プレミアムは増大する。実際のDCF計算式ではリスク・プレミアムは、分母の割引き率の一部として、リスク・フリー商品に対してどれだけ高いリターンを投資家が要求するかというパーセンテージで示される。したがって、景気が悪化するとキャッシュフローの見通しが減少して「分子」が下がるだけでなく、リスク・プレミアムが増大して「分母」が大きくなり、「妥当株価」はダブルパンチで下がってしまうのである。

このように、混乱した市場ではDCFによる妥当株価の理論があっても、実際にはあまり役に立たなくなる。PEレシオなどのマルチプル比較も同じで、市場がPE倍率何倍だからそれと比べて安いとか高いとか言っていても、市場が楽観的なときにはマーケット全体の倍率そのものがどんどん上がって割高株をいくらでも許容するし、悲観的なときにはなんでこんなに安いのか、と思っていてもそこからまだまだ市場の倍率自体が下がる。

それなら歴史的なPE倍率の水準を追って手がかりをつかんではどうか、と思っても、ITバブルの米国市場全体のピークPE倍率は44倍。片やオイルショック後や80年代初めの経済低迷期では8倍以下だった。歴史的な市場のピークとボトム水準の倍率で、実に5倍以上の開きがある。株価が5倍になっても5分の1になっても市場と比べれば「妥当」な株価水準だということではなんの意味をなさないから、これだけぶれるとマルチプルも使いものにならない。

この株価ラリーはいつまで続くのか、あるいはこの株価後退はどこで底打ちするのか。アナリストや投資家が一番必要とするときにかぎって、市場の手がかりは忽然と消滅してしまうのだ。

しかし、行き過ぎはいつもどこかで反転する。市場は過度に楽観的になったり悲観的になったりし、株価も波のように過剰と過少を繰り返すが、その合間には市場が冷静になって株価が合理的なところに回帰するリバーサル調整が何度も起きる。ファンダメンタルズを追うアナリストや投資家にとっては、そうした市場の行き過ぎと調整が投資機会に結びつくから、株価の波の向こうを見据え、当面の痛みを我慢して、辛抱強くその機会をうかがうのである。

顧客の評価で決まるアナリスト査定

さて、仕事は「面白い！」に越したことはないと言ったが、いつも面白いことばかりではないのが、どうも仕事というものらしい。

セル・サイドのアナリストも、業界や企業の真理を追究して業績と株価を見事に当て、素晴らしいレポートを書いても、それだけでは評価されない。セル・サイドのアナリストは自分で株を運用するわけではないので、そのままでは雇い主である証券会社の売り上げには貢献しない。セル・サイドアナリストが「買い」や「売り」という投資アクションを推奨し、その推奨に動かされてバイ・サイド顧客が株式などを売買し、それが証券会社の手数料に結びついてはじめて、アナリストの貢献が評価される。

この査定の基準は欧米でも日本でもさほど変わらず、基本的にセル・サイドのアナリストは、「どれだけマーケットを動かしたか」という市場影響力で評価されるのだ。

したがってセル・サイドアナリストがマーケットを動かし評価を得るためには、バイ・サイド顧客とのコミュニケーションやマーケティングという仕事が極めて重要になる。

業界のチャネル・チェックや企業の公開情報の分析、レポートの執筆作業だけでも十分忙しいが、セル・サイドアナリストはその上に四半期ごとに、辞書のように分厚いプレゼン資料をこしらえて、国内や海外のバイ・サイド顧客の間を飛び回る。何十人もの投資運用者と面談して業界の見方について自説を披露したり、推奨銘柄を売り込んだりするのが目的である。

ライバル会社のアナリストも大勢同じ時期に顧客回りをしていて、知らない間に比べられているから気は抜けない。競争相手が思いつかないユニークな投資アイディアや視点、顧客を唸らすような深い分析を提示できるかどうかがカギだ。

日本では昔は決算発表が年に2回という上場企業が多かったが、今ではほとんどが四半期毎の発表となり、会社によっては月次データも開示する。それに加えて企業買収やら合併やら増配やらと、担当企業が次々に起こしてくれるコーポレートアクションのニュースも絶えることはない。顧客と話している間にも、どんどん生の情報のほうが変化してしまうので、アナリストは時差ぼけに悩まされる海外の出張先でもそれらを追いかけなくてはならない。

では、セル・サイドアナリストの市場影響力はどう測定されるのか。

一番インパクトがあるのは、お客さんからのフィードバックである。なかでもセル・サイドが神経を尖らせるのは、金融系メディアが主催したり大手投資家の機関内で定期的に行われる「人気投票」だ。バイ・サイドのファンドマネジャーやアナリストが、その期間に自分の投資行動に最も役に立ったと思われるセル・サイドアナリストを選んで投票するもので、その結果は、業界ごとのアナリストの人気ランキングとなって経済紙に発表されたり、証券会社にフィードバックとして通知される。

これは、証券会社とバイ・サイド顧客との今後の取引にも影響してくるし、当然、アナリストの査定にも大きく響く。セル・サイドのアナリストなら誰もがトップのほうに顔を出したい、と思うものである。投票期間が近づくと、急にセル・サイドからバイ・サイドへのメールや電話の数が増える。セル・サイドアナリストの中には、自分に一票投じてほしいとか、最後のお願いですなど、選挙戦さながらにプライドをかなぐり捨てて顧客に電話やメールのお願い攻勢をかける者もいる。逆に、驚くほど深い業界知識を持ち素晴らしい分析をしているのに、自分の売り込みが苦手でランキングを落としてしまう、もったいない人もいる。

後者は日本人のセル・サイドアナリストにやや多いが、日本人でも相当アグレッシブに自分の売り込みをする人もいる。セル・サイドの人事評価やインセンティブが、グローバルになっているせいだろう。

リサーチとバンキング

セル・サイドアナリストの雇い主である証券会社は、マーケットに影響力を持つ花形リサーチ・アナリストを重用する。

「証券会社」といっても、グローバル大手の金融企業は、株式・債券や投資信託などの金融商品を機関投資家や個人に売買させて手数料を稼ぐ証券ブローカー部門に加えて、自己資金を動かして利ザヤを稼ぐトレード部門、それに投資銀行（インベスト・バンキング）部門などを取り揃えて、総合金融サービスを提供している。ちなみに「レベニュー・センター」とか「プロフィット・センター」などと呼ばれて売上や利益に貢献するこれらの部門に対して、株式調査を行うアナリストが在籍するリサーチ部門は、それ自体売上を稼がずコストだけかかるので、「コスト・センター」と呼ばれる。一般的に、「レベニュー・センター」や「プロフィット・センター」のほうが「コスト・センター」に比べて、組織内での発言力は強い。

インベストメント・バンキングは企業を顧客にして、株式の初公開（ＩＰＯ）や公募増資の引き受け、買収合併などについての助言や仲介を行い、「ディール」と呼ばれるそれらの顧客案件から顧問料としての手数料を受け取る。昨今のＩＰＯや企業買収のメガ・ディールは数千億とか１兆円を超える規模のものもあり、手数料率が数％であっても、証券会社にとっては数十億円とか数百億円という大きな収入となる。

業界に精通したリサーチ・アナリストの中には、企業の経営陣に適切なアドバイスをする知見や能力を持っていたり、長年の取材を通して経営陣との個人的信頼関係を築いていたりする人も多い。こうした人的資源をディール獲得に生かそうと、経験の長いベテランアナリストを、調査部門から引っこ抜いて、バンキング部門に配置転換させる証券会社もあるくらいだ。

人気アナリストが社内にいると、顧客企業にディールの売り込み（ピッチ）をかける投資銀行部門のバンカーも、仕事がやりやすい。高い顧問料をバンカーに支払う企業にしてみれば、株式公開の暁にはなるべく市場影響力のある人気アナリストに自社の銘柄をカバーしてもらいたいし、できれば「買い推奨」レポートを書いてもらって株価が上がってほしい、と望むのが人情だ。

こうした顧客心理を十分承知しているバンカーは「買い推奨」レーティングの保証こそしないものの、「弊社のリサーチ部門にはランキング1位の有名アナリストがおります。まあ、調査部次第ではありますが、お仕事をいただけたら、彼が御社をカバーする確率は高いと思いますよ」などと、やんわりと競合投資銀行との差別化を図る。

今では総合金融企業は、インサイダー・トレーディングや部門間の利益相反を防止するため、「チャイニーズ・ウォール」といって、万里の長城のように高い情報の壁を社内に設け、同じ会社の社員であってもプロジェクトの部外者には顧客関連の機密情報が流れないように神経を使って管理している。バンキング部門とその他の部門は、オフィスのフロアや職場につながるエレベーターまで別だったりする徹底ぶりである。

またバンキング・ディール欲しさに調査部門のアナリストが故意に企業に甘い調査レポートを出したりしないよう、バンキング部門がＩＰＯのディールなどを手がける時には、リサーチ部門はその銘柄のカバレッジをいったん停止するのが普通となっている。

ＩＴバブルと「買い推奨」レポート

しかし、ＩＴバブル当時はまだこの「チャイニーズ・ウォール」の敷居が徹底されていなかった。ＩＴバブルの狂想曲に米国市場が踊っている頃、私はニューヨーク本社の株式調査部で働いていたが、このオフィスには、他社からヘッド・ハンティングされてきたインターネット業界担当の花形アナリストがいた。アメリカ人で一番多い苗字はスミスなので。スミスさんと呼んでおこう。

30代のスミスさんはスラリと華奢な体格で、見た感じはちょっとシャイな文学青年といった印象の人だ。彼が執筆するインターネットという新しい社会のツールを解説するレポートも、文学的で饒舌だった。スミスさんは多くのジュニアアナリストを従えて、調査部内で抜きん出て大きいチームを率いていた。

当時はITバブル真っ盛り。実態は赤字の零細新興企業であっても、インターネットと名がつけば当たり前のように株価はガンガン上がった。スミスさんは、まさに時代の寵児だった。米国では証券会社がトップアナリストを会社の顔として全面的に売り込むので、テレビの経済番組などの解説者としても引っ張りだことなり、金融関係者だけでなく一般の人にも知られる有名人となっていた。彼のもとにはバンキング部門からIPOディール絡みでレポートを書いてほしいという要請が、続々と舞い込んだ。

インターネット企業の株式公開はまさに目白押しで、スミスさんは、「ローンチ（打ち上げ）」と呼ばれる新規公開企業の調査レポート発行に毎日のように追われていたが、彼がこうした銘柄につける投資推奨のレーティングは、たいていが「強い買い」か「買い」だった。バンキング・ディール、イコール会社の手数料売り上げである。投資銀行のディール獲得に重要なサポート役を果たし会社の業績に多大な貢献をしたスミスさんを会社の重役陣は絶賛し、スミスさんは年末に数億円に上るビッグ・ボーナスを手にした。

公開後に株価が上がってさえいれば、企業も投資家もバンカーも証券会社も、みなハッピーな時代だった。ニューヨーク本社の調査部幹部も、「アマゾンが400ドルになるという、あの大胆な予想がなかったら、今日のスミスはない」などとスミスさんの成功例を引き合いに出し、他の部員たちにも顧客に株を勧めるときには、テーブルを叩いて「買いだ！」というような大胆かつ積極的な姿勢で臨めと、はっぱをかけていた。

スミスさんは、毎年恒例のアナリストランキング投票で、連続トップ。いつも強烈に忙しそうで、個室となっているオフィスのガラスドアを閉め切ってコールセンターのオペレーターのようにヘッドセットを頭にかけたまま、PCモニターの数字を睨みつつ、一日中電話会議をやっている。部外者が気軽に声などかけられない、殺気立った忙しさだ。私は東京オフィスに戻ることが決まったとき、スミスさんに挨拶すべき事情があったのだが、いつまでたっても彼の電話会議は終わらない。30分くらいガラスドアの前を行ったり来たりした後、ようやく1、2分時間がもらえて、そそくさと言葉を交わした。

そして、ブル（雄牛）がいなくなった

しかしその後インターネットバブルが弾け、スミスさんのキャリアは一気に暗転する。バブル崩壊で、スミスさんが「強い買い」や「買い」推奨をつけていた企業の多くは、資金繰りに詰まって破綻したり、株価暴落で上場基準を満たさずメジャーな証券取引所では扱われない「ピンク・シート」株と化してしまった。インターネットは、トップ人気の業界から、最も投資家に敬遠されるセクターとなり、売りが売りを呼ぶ株の暴落ぶりは、修羅場のような有様となった。

日本でもソフトバンク株が、一時的に時価総額20兆円とトヨタ自動車を抜いていたところから、短期間に5000億円以下と40分の1に転げ落ちたり、光通信株がピーク高値の24万円から4000円以下と60分の1まで鶴瓶落としとなったから、ご記憶の方も多いだろう。バラ色のハイテク投資の夢は、大損をした投資家の阿鼻叫喚のマーケットと化した。

セル・サイドのアナリストの評価は、そのアナリストがカバーする業界や銘柄の人気次第で決まってしまうことも多い。スミスさんの場合は、彼の人生そのものが、急落するイ

ンターネット株と連動したかのようだった。バブル崩壊が明白な事実となると、会社はさっさと多額の手切れ金を渡して彼をお払い箱にしたが、事態の暗転は、それにとどまらなかった。その後彼は、投資銀行部門の顧客獲得のために歪曲した調査レポートを作成して多くの投資家を故意に騙したとして、米証券取引委員会（ＳＥＣ）から多額の罰金と金融業界からの終身追放の処分を受けたのである。顧客向けの調査レポートでは「強い買い」や「買い」推奨をつけていたのに、同僚らに宛てた社内メールでは、これらの企業のことを密かに「犬（dogs）」とか「クソ（POS =piece of shit）」などと呼んでいたのを証拠として追及され、そのモラルが問われた。

ＩＴバブルの寵児は、バブル崩壊とともに使命を終え、その行為は無責任なバブル時代を象徴する市場への背信として裁かれたのだった。

企業組織は冷淡なものである。スミスさんを持ち上げた株式調査部の幹部は、バブルが弾けると態度を豹変させた。この責任者は、今度は社内で初の「売り」推奨のレポートを書いた別のテクノロジーアナリストを称賛して「これぞ、勇気ある行動だ。みなも模範にするように」と、部員らに注意喚起したのである。顧客への銘柄推奨にあたっては、潜在的なリスクを箇条書きに列挙するなどして、投資推奨にはくれぐれも慎重を期するように、というメッセージだった。

ちょっと待った。株価が大暴落した後になってから「売り」推奨なのか、と私は思わずにはいられなかった。バブルのピークには「強気でいけ（Be bullish）」がこの証券会社のスローガンだったのに、バブルがはじけた後にはオフィスビルの玄関に置かれていた大きな雄牛（ブル＝強気市場のシンボル）の彫刻までいつの間にか撤去されていた。ウォール街の節操のなさとサバイバルにかけるしぶとさを同時に見た気がした。簡単に撤去されたところを見ると、あの雄牛は重量のある彫刻ではなくて、軽量な張り子のような作りだったのだろうか。張り子のトラならぬ張り子の雄牛。あの雄牛はどこに行ったのだろう。

第3章

「マネーの代理人」としての投資運用業

――顧客のマネーを最大化するプロフェッショナルたち

「キャン・ユー・メイク・マネー?」

2002年、国際結婚に伴って渡米することになった私は、ニューヨークでヘッジファンドのアナリストの仕事を見つけた。顧客に株を推奨する「セル・サイド」から実際に資金を運用する「バイ・サイド」に移ったことになる。職探しをしていたときのインタビューで、とあるファンドマネジャーに聞かれて面食らったのが、この「キャン・ユー・メイク・マネー?(君は金儲けができるか?)」というあまりにも直裁的な言葉であった。私は関西出身であるが、大阪のおばちゃんだって一瞬たじろぐストレートな質問だろう。

フィデューシャリー・デューティ(受託者責任)と顧客のためのマネーの創造

でも、まもなく、このグロテスクで露骨な「メイク・マネー」という表現は、一部のアグレッシブなヘッジファンドだけで使われているのではなく、スーツ姿のホワイト・カラーがたくさん働く大手の投資運用会社でも、ごく当たり前のように使われていることを、私は理解することとなった。

米国のエリートたちが英語で「メイク・マネー」というときのニュアンスには、「金儲け」という日本語表現にある腹黒いイメージはまったくない。むしろ付加価値を生産して社会の幸福に貢献しているという大変ポジティブなニュアンスであるのだ。だって自分たちの仕事の目的は「メイク・マネー・フォー・クライアント（お客さんのためにマネーを創造すること）」でしょ？　もちろん、それで会社が大きくなって自分の報酬も増えたらもっと嬉しいけど、といった感じである。

これを理解するには、「バイ・サイド」の大手機関投資家の多くが、別の大手機関投資家に雇われてその資産を管理運用する「マネーの代理人」の立場にあることを理解する必要がある。

投資運用会社は、「アセット・オーナー」と呼ばれる年金、保険、金融機関や財団などから資産を預かりそれを運用代行することで、管理報酬や成功報酬を得ている。他人のマネーを預かりその運用から利益を得る投資運用会社は、英語で「フィデューシャリー・

デューティ（fiduciary duty）」と呼ばれる受託者としての信認義務を負う。[5] マネーの代理人が動かすのはあくまでも他人様のお金である。顧客から信を託されてその資産を預かるものは、受益者である顧客の利益を最優先し、顧客の目標達成に向けて最善のケア（the highest standard of care）を尽くすべきだというのが、マネーの代理人の基本的責務である。どの投資運用機関も事業経営の基本姿勢を問われたら、真っ先にフィデューシアリーとしての責任を挙げるだろう。「メイク・マネー」、すなわち投資リターンの追求はまず顧客のためにある、というのが投資運用業界の鉄則である。

「巨人」投資家、アセット・オーナー

では「マネーの代理人」である運用会社のお客さん、「アセット・オーナー」には、どういう顔ぶれが並んでいるのだろう。

まず資産規模がケタ違いに大きいプレーヤーとしては、政府系の「ソブリン・ウェルス・ファンド（SWF、以下「ソブリンファンド」と略）」が挙げられる。図5のように、年金資産として世界でダントツに大きいのは日本円で300兆円規模の資産を抱えるアメ

リカの社会保障信託基金（ソーシャル・セキュリティ）だが、これは全額満期の米国債で運用されていて、市場に参加していない。したがって「年金基金」として市場に参加するプレーヤーで世界一大きいのは、１５０兆円規模[6]の資産を抱える日本の年金積立金管理運用独立行政法人（ＧＰＩＦ）である。その他のソブリンファンドの規模も半端でなく大きい。ＵＡＥやクウェートやサウジアラビアなど産油国のソブリンファンドもそれぞれ日本円で60兆円から80兆円の規模があり、この３つの産油国のソブリンファンドを合わせれば２００兆円を超え、イタリア、ブラジル、カナダなどのＧＤＰを上回る。

ソブリン以外の大手アセット・オーナーとしては、世界の地方政府や業界団体の年金基金、大学や病院など公益団体の財団、それに保険や銀行などの金融機関や個人向けの投資信託を運用するミューチュアルファンドなどがある。米国では確定拠出年金（４０１ｋ）が導入された１９８０年代からミューチュアルファンドが急速に大きくなり、２０１６年

５　大手年金基金なども同様に、年金受益者などに対して信認義務を負っている。
６　２０１７年６月末現在。

図5　世界公的基金ランキング

資産規模（10億ドル）
2016年6月現在

1	米国	社会保障信託基金（Social Security Trust Funds）	2,855
2	日本	年金積立金管理運用独立行政法人（GPIF）	1,264
3	ノルウェー	政府年金基金グローバル	850
4	中国	中国投資有限責任公司（CIC）	814
5	UAE	アブダビ投資庁（ADIA）	792
6	クウェート	クウェート投資庁（KIA）	592
7	サウジアラビア	サウジアラビア通貨庁（SAMA）	582
8	中国	中国国家外貨管理局（SAFE）	474
9	米国	米国連邦職員退職制度	470
10	香港	香港金融管理局	457
11	オランダ	オランダ公務員統合年金基金	444
12	韓国	韓国国民年金運用	409
13	シンガポール	シンガポール政府投資公社	350
14	カタール	カタール投資庁（QIA）	335
15	米国	カリフォルニア州職員退職年金基金	302

出典：Soverign Wealth Fund Institute　のデータを基に作成

現在、8000以上のミューチュアルファンドに5500万世帯、米国の総世帯の4割以上が投資している。[7]

もしあなたが100兆円の投資を任されたら？

さて、あなたがある日、アセット・オーナーの担当者として「100兆円」のファンド運用を任されたら、この想像のつきにくい巨大な資金を、どこにどう振り向けるだろう。投資の選択肢としては債券に株式のほか、不動産、原油や鉱山資源などの現物投資、ヘッジファンド、非公開企業に投資するプライベート・エクイティ、できたての新興企業の「起業」活動に投資するベンチャーキャピタルなど多くの種類があるが、それらの投資対象ごとに、さらに数えきれないほどの金融商品が存在する。

しかも、ひとくちにアセット・オーナーといっても、預金引き出しにいつでも対応しな

7　インベストメントカンパニーインスティチュート、ICIの調査に基づく。

くてはならない銀行と、加入者の推定寿命をもとに長期の引き出しに備える生命保険会社、また年間一定の支出をしながら半永続的に基金を維持することを目的に税控除を受ける公的な財団などでは、想定する投資期間の長さや目標とするリターン、手元に置いておかなくてはならないキャッシュの必要額などが違ってくる。

「プロローグ」で述べたとおり、巨大な「アセット・オーナー」といえども、もともとは多くの人々が積み立てた年金、払い込んだ保険料、預金や寄付金などが基金の原資となっているから、それぞれ固有の設立目的に応じて受益者の期待に応えなければならない。基金の性質によって目的とするリターンが違ってくるだけではなく、許容される損失リスクも異なってくるので、それに適した投資商品を選択して組み合わせ、基金の目的にふさわしいポートフォリオを構築しなければならない。

リターンや許容されるリスク、投資期間やキャッシュニーズ、また課税条件などが違えば、配当や利息収入などのインカムゲインが好ましいのか、それとも投資資産の価値上昇によるキャピタルゲインを狙った方が有利なのか、といった投資選択肢も異なってくるし、リスク資産の比率をどれくらいにするかなど、ポートフォリオの組み方も違ってくる。

「マネーの代理人」へのマネーの流れ

ソブリンファンドや財団、金融機関などアセット・オーナーと呼ばれる機関には、たいてい自前の運用チームがいて、彼らは巨額な預かり資金を前にそれをどこにどう分散投資するかに毎日頭を悩ませている。

リスク分散のために資金を幅広いアセットタイプや産業や地域に分散投資しようとするほど、投資対象が拡大してしまって自前の人材だけでは情報に追いつけなくなる。株式一つにしても、巨大なアセット・オーナーは世界中に投資をする。そうした機関の担当者がひとりで米国連邦準備制度理事会の会議録に目を通しつつ ベトナムの乳業市場の成長を考え、香港の不動産マーケットの需給データを追いつつ、銅やアルミの価格を追うのは、楽しいかもしれないが、やはり無理があろう。

またポートフォリオは、一度投資配分を決めてしまったらそれで終わりというわけにはいかない。金利も為替も債券も株式もオルタナティブも、マーケットプライスがある資産はすべて、常に価格が変動する。それらの価格がバラバラに動けば、最初に債券は何割、株は何割、オルタナティブは何割などときっちり保有比率を決めていても、運用しているうちに価格変動によって構成比が変わり、当初のリターンやリスク目標からどんどんずれてしまうので、時々売ったり買ったりしてポートフォリオを再調整しなければならない。さらに、投資した資産が思ったようなリターンをあげてくれない場合は、当初の見通しが間違っていた可能性もあるので、見直しや入れ替えの必要も出てくる。

これらを全て自前でやることには限度があるので、大手のアセット・オーナーは必要に応じて、国債投資のプロ、新興国投資のプロ、不動産投資のプロ、コモディティー投資のプロなど、外部の投資スペシャリストに資金を委託することになる。日本のGPIFも株式についてはパッシブ運用(8)に加えて一部にアクティブ運用(9)の両方を採用していることを開示しているが、実際の運用は基本的に国内外の外部投資運用機関に委託している。

こうしてプロの投資家であるアセット・オーナーから、別のプロの投資家である「マネーの代理人」としての投資運用業者にマネーは流れ、投資代行事業自体が巨大な産業になっている。図6のようにアセットマネジメント会社のトップクラスでは預かり資産額が300兆円とか400兆円という規模になり、イギリスやフランスなどの国家のGDP規模をあっさりと抜く。

なかでも「パッシブ運用」といわれるインデックス投資を行うブラックロックやステートストリートといった大手投資運用会社では、機関投資家や個人にETF（市場に連動する上場投資信託）を提供していて、その資産規模が極めて大きい。

他人のマネーでマネーを創造する事業

投資運用業界のビジネスモデルは、金融という産業自体がそうであるように、基本的には他人のマネーを元手に新たなマネーを生むことである。といっても、他人のマネーを悪用して儲ける、というネガティブな意味では本来、ない。他人の資産を預かってそれを運用することで顧客のために収益を上げ、その付加価値創造の対価として報酬を得て、自らの利益の追求へとつなげているのだ。年金をはじめ、幅広く社会一般からマネーを集める大手アセット・オーナーは巨大だが、そうした大手アセット・オーナーから巨額の資産運用を委託される大手投資運用会社も巨大である。またブラックロックはじめ、株式を公開している投資運用会社は、上場企業として、市場からも資金を集めている。社会的影響力も極めて大きい。

8 ETF購入などによる市場連動型運用、いわゆる「インデックス買い」。
9 「ベンチマーク」と呼ばれる市場指標を上回ることを目標とする運用。

図6　世界投資運用会社預かり資産ランキング

		所在地	預かり資産額（兆円）
1	ブラックロック	米	511
2	バンガードグループ	米	374
3	ステートストリートグローバル	米	247
4	フィデリティ・インベストメンツ	米	224
5	アリアンツ・グループ	独	212
6	JPモルガン・チェイス	米	189
7	バンク・オブ・ニューヨークメロン	米	179
8	AXAグループ	仏	164
9	キャピタルグループ	米	153
10	ゴールドマンサックス	米	138
11	ドイツ銀行グループ	独	134
12	BNPパリバ	仏	134
13	プルデンシャル・ファイナンシャル	米	132
14	UBS	スイス	130
15	リーガル・アンド・ゼネラル	英	126
16	アムンディ	仏	122
17	ウェリントンマネジメント	米	108
18	HSBCホールディングズ	英	102
19	ウェルスファーゴ	米	99
20	ノーザントラストアセットマネージメント	米	96

出典：Pension & Investments のデータを基に作成
※1ドル110円換算

大手の投資運用会社は、債権、株、ヘッジファンドやコモディティーを含むオルタナティブなど、幅広い投資商品をアセット・オーナーである顧客に提供している。大手では、株だけとっても、インデックス連動のパッシブ商品から、バリュー（割安株）、グロース（成長株）、インカム型（高配当株）など、アプローチの異なるさまざまなアクティブファンド、さらにチャート重視のテクニカルファンドや数量モデルに基づいて自動取引を行うクオンツファンドなど、バラエティーに富んだ豊富なメニューを取り揃えている。

金融商品の選択肢が多すぎて、何をどう組み合わせてどう運用したものかと常に悩むアセット・オーナーには、顧客の資産を丸受けする「おまかせ型」のファンドもある。「マルチ・アセット型」ファンドなどがそれで、一定のリスクやリターン想定のもとで、株や債券やオルタナティブなどの組み合わせを市場環境によって自在に変えながら、顧客に代わって運用してくれる。また自社では直接投資しないが、複数のファンドを組み合わせて顧客ニーズに合った投資商品を提供してくれる卸問屋のような「ファンド・オブ・ファンズ」と呼ばれる中間業者もいる。

大きな投資運用会社を運営するには、ファンドマネジャーやアナリスト、トレーダーにエコノミスト、といった投資の実働部隊や調査担当者以外にも、集客を図るためのマーケティング部隊、既存顧客とのきめ細やかなコミュニケーションを図るためのリレーション部隊やレポーティング部隊、それに契約や当局の規制、社内のコンプライアンスに対応する法務部隊など、幅広いオペレーションと多くの人が必要となってくる。人が増えると今度はマネジメントや人事など、組織を管理する内部部門や、それぞれの部門のサポート部隊も厚くしなくてはならない。組織はますます大きくなり官僚化していく。

もちろん、少人数精鋭主義でこぢんまりとやっているヘッジファンドなどの投資運用会社もあるが、いくつもの金融不祥事を経て、近年では投資運用会社を監督する当局の監視の目も厳しくなっている。顧客向けのマーケティング資料については、運用成績の開示方法や将来の投資目標についての言葉遣いの一つひとつまで、それが適切であるかどうかコンプライアンスの内部チェックが必要な時代だ。

運用実績やブランドネームだけでなく、強力な組織的・人的なインフラがあるかどうかが重要な差別化要因となり、そうした機能を持つ大手運用業者が大手のアセット・オーナーからの案件を獲得する競争で有利になるので、大きなプレーヤーがますます大きくなるという傾向が強まる。

集まるところにマネーが集まり、集まらないところには集まらない、というマネーの集約化は投資運用業界でも進んでいる。

「マネーの代理人」のインセンティブ

なかには莫大な個人マネーを自分自身や家族で運用しているファミリー・オフィスのようなアセット・オーナーもいるが、プロローグでも述べたとおり、基本的には資本市場の参加者の圧倒的多数は、誰かに雇われたエージェントであり、他人のマネーを運用管理し、またその管理を他人に委ねている。

アセット・オーナーからすれば、自分の資産を手数料を払って預けるのだから、その運用にあたっては代理人という他人に自分の意図をしっかり汲んでもらって、自分の目的に沿うようきちんと行動してもらわなければ困る。そのためには、インセンティブが代理人の適切な行動を促すように、うまく設定されていることが重要である。

インセンティブがうまく機能しないと、代理人が信を託したオーナー（「エージェント」に対する言葉として「プリンシパル」とも呼ばれる）より自分の利益を優先する「エージェント論理」の誘惑に負けてしまう、「モラルハザード」のリスクが高まる。

大きなアセット・オーナーには年金や保険会社、教育や福祉にかかわる財団など、公共性の高い基金も多いから、投資の世界でのエージェントの身勝手な理屈の暴走は、幅広い社会にも影響を与えかねない。マネーの代理人が他人様のお金を大切に扱う「フィデューシャリー」（受託者）としての自覚を持ってその責任を果たすことは、社会にとっても重要である。

しかし、他人を自分の意図どおり動かすことを目的に、代理人の報酬のあり方を決めることはいつも難問である。子どものおつかいでお小遣いを渡すときでも、間違ったメッセージを与えないよう金額や渡し方に苦慮するくらいだから、世故たけて計算高い大人に動いてもらうためのインセンティブの匙加減となると、はるかにバランスをとるのが難しい。

単発の仕事ではなく、継続的に何かを達成してもらいたい場合は、とくにそうだ。少なすぎれば代理人はやる気を失って注意散漫になるおそれがあるし、多すぎれば俄然やる気にはなるものの、顧客の利益より自分の報酬に目がくらんでリスクの高い投資をしたりする問題が生じる。また代理人の働きぶりをどういう物差しで評価・測定したらよいのかも、難問だ。どういう数字を尺度にするのか、リターンとリスクのバランスをどう考えるのか、また期間についても長い期間で測るのか、それとも短期間ごとにチェックするのかなどもよく考慮しないと、アセット・オーナーの目的と代理人の行動が一致しなくなってしまう。

投資運用の世界では、ファンドマネジャーが顧客の資産と一緒に自分の資産を運用することがむしろ奨励されるが、これも顧客のマネーを自分のマネーと同様に大切に扱いなさいという意味で、顧客とエージェントの利益相反を防ぐための措置である。

投資運用会社のビジネスモデル

では、実際の投資運用会社のインセンティブはどうなっているだろう。株式ファンドをベースに、そのビジネスモデルを見てみよう。

投資運用会社の収益、つまり売り上げは、基本的には管理報酬や成功報酬など、預かる顧客資産から生まれる手数料がもとになっている。まず預かる資産に応じて一定の料率を請求する管理運用手数料は、次の計算式で決まる。

管理運用手数料＝預かり資産額×料率(10)

これはファンドのパフォーマンスとは関係なく顧客の預けた資産額に基づいて請求される。料率はファンドの性格や顧客が預ける資産の額、顧客のバーゲニングパワーや競争環境などによって大きく変わってくる。株式のインデックス・ファンドなどでは競争が激しいこともあり、預かり資産の5ベーシスポイント（0・05％）という超低率のファンドもある。空売りをやらない順投資のみの「ロングオンリー」のアクティブファンドでは、顧客にもよるが、40〜50ベーシス（0・4〜0・5％）から1％程度、ヘッジファンドでは2％程度が相場だが、著名なヘッジファンドになると、様々な名目で5〜6％の超強気のプレミアム料率を請求するところまであって、バラツキは大きい。

図7の世界最大級のヘッジファンドの預かり資産は数兆円から20兆円と、図6の500兆円を超えるブラックロックなどと比べて「小さい」ように見えるかもしれないが、料率

が違う。管理報酬２％のヘッジファンドであれば、管理報酬だけで、10兆円の預かり資産に対して年間２０００億円の収益をあげるが、料率５ベーシスポイントのパッシブ・ファンドなら、同じ10兆円の預かり資産でも、管理報酬は50億円にしかならない（「しかならない」といっても、一般の感覚からは、かなりの金額ではあるのだが）。

さらに、運用手数料に加えてヘッジファンドなどでは、通常投資リターンが上がった場合に成功報酬を顧客に請求する。投資リターン、つまり資産が増えた分の２割程度が相場である。

成功手数料＝ファンドリターン×料率

預かり金額が１兆円あるヘッジファンドで年間２割の投資リターンがあがったとすると、

10　なお、ベースとなる「預かり資産」は株価が動けば変わってしまう。いつの時点での資産残高を用いるか——契約時点のものか、報酬支払時点のものか——などは個別の契約に基づく。

その資産が増えた分の2000億円の2割程度すなわち400億円程度が成功手数料としてマネジャーに支払われることになる。運用手数料2%と合わせれば、年間600億円程度の収益だ。図7のように預り金が10兆円を超えるようなトップクラスのヘッジファンドが得る年間報酬は推して測るべしである。

しかし資産を預ける顧客側から見れば、前年まで損が発生して資産が大幅に目減りした後で、ある年だけ投資リターンが上がったからといって、多額の報酬を払わされるのでは割に合わない。そこで「クローバック(claw back)」とか「ウォーターマーク(high water mark)」といって、損失が生じた場合には、ある一定額に資産が回復するまで運用者が成功手数料を請求しないという契約を結ぶこともある。

ヘッジファンドは、日本のマスメディアなどではよく「謎のベールに包まれた」などと形容されるなど、資本市場の主流から外れたプレーヤーだと思われがちだが、投資手法が違うだけであって、その存在は、今やメインストリームのマネーの流れにしっかり組み込まれている。

図7 ヘッジファンド預かり資産高ランキング

ランキング	名称	所在地	戦略	預かり資産（兆円）
1	ミレニアムマネージメント	ニューヨーク	複数	22.9
2	ブリッジウォーターアソシエイツ	コネチカット	複数	20.7
3	シタデル	シカゴ	複数	16.4
4	ゴールドマンサックス	ニューヨーク	複数	12.2
5	ADRキャピタル	コネチカット	複数	10.0
6	D.E. ショー	ニューヨーク	複数	10.0
7	パインリバーキャピタル	ミネソタ	複数	8.2
8	ツー・シグマ・インベストメンツ	ニューヨーク	複数	8.1
9	ブレバン・ハワードキャピタル	ニュージャージー	グローバルマクロ	8.0
10	ピムコ	カリフォルニア	複数	6.8
11	ムーア・キャピタル	ニューヨーク	グローバルマクロ	5.8
12	フィールドストリートキャピタル	ニューヨーク	グローバルマクロ	5.4
13	エリオットマネージメント	ニューヨーク	複数	5.1
14	バイキング・グローバル	コネチカット	株式	5.0
15	アダージ・キャピタル	ボストン	株式	5.0
16	サーベラス・キャピタル	ニューヨーク	債券	4.7
17	オク・ジフ・キャピタル	ニューヨーク	複数	4.7
18	キャプラ・インベストメント	ロンドン	債券	4.4
19	オークツリー・キャピタル	ロスアンゼルス	債券	4.3
20	アルファダイン・アセットマネージメント	ニューヨーク	グローバルマクロ	4.3

出典：Hedgefund Alert 1Q2016 より作成
＊1ドル110円で換算

大手のアセット・オーナーは幅広い資産に分散投資をしているので、債券や株式のパッシブ運用、純投資のアクティブファンドなどに加えて一部はヘッジファンドを含むオルタナティブ投資にも資金を振り向けている。そのため、一般的にリスクの高い投資手法や攻撃的なカルチャーで知られるヘッジファンドが、意外にも、お堅く地道なイメージの地方公共団体や大学などの財団を顧客にしているケースも珍しくない。たまにヘッジファンドがインサイダー事件などで当局から摘発を受けて解散したりすると、社会性の高い基金が人知れず影響を受けていることもある。

「マネーの代理人」のモラル

どの投資運用会社のミッション・ステートメントも、顧客利益を第一に考えるというフィデューシャリー・デューティ（受託責任者の信認義務）を真っ先に挙げる。しかしフィデューシャリー・デューティが声高に叫ばれる背景には、顧客と請負業者の利益相反を誘発しかねない潜在的な要因がそれだけ多く存在しているという事情がある。

先ほどの収益モデルから分かるように、運用代行業者が自らのビジネスを拡大してもっと収益や利益を上げようと思えば、顧客資産という「他人のマネー」をなるべく多く集め、そこからなるべく多くの手数料を稼ぐ、という方法しかない。一方で、投資はあくまで「自己責任」なので、市場の下落で運用資産に損失が生じても、それはアセット・オーナーの損失であり、運用代行者の損失にはならない。リーマンショックでの市場下落の後には、損失を被ったアセット・オーナーが資産運用者を相手取る訴訟が相次いだが、たいていは却下されている。

言いかえると、ひとたび運用代行業者が顧客の資産を預かってしまえば、金銭的なリウォード（報酬）はあるが、解約されるということ以外のペナルティ、とくに金銭的ペナルティはないという偏ったリスク・リウォードになっているのだ。

少数派ではあるが、ヘッジファンドなどのマネジャーの中には、自分は一山当てたらさっさと引退すると、普段から公言する人もいる。同じ業界人だった者として恥ずかしいから、単に自分を鼓舞するためのポーズで言っているだけなのだろうと思っておきたい。

顧客の利益はシェアしてもらうが、損失のほうはシェアされないという報酬体系は、敗けの確率を気にしなくてもいいゲームのようなものだ。自分の負けにならないのであれば、プレーヤーはリスクの高い賭けに走りがちである。

とくにパフォーマンスに応じた成功報酬のあるヘッジファンドなどでは、顧客利益の最大化ではなく自分の利益の最大化を目指して過大なリスクを取る利益相反が起きやすい構造がある。また、こうしたインセンティブの問題は、ファンドマネジャー個人レベルだけでなく投資運用会社の組織にも起こり得る。会社の事業利益を上げるためにファンドマネジャーに短期的な「投機」を奨励するような評価測定や報酬体系をとったり、多くの手数料を稼げる高リスク商品に顧客資産を誘導したりする運用会社の問題が度々指摘される。

しかし、「他人のマネー」を預かっているからこそ、運用者が顧客のマネーの代理人としてその資産に最大限の注意を払い、最善を尽くして運用するモラルが問われるのである。開示義務や説明責任もそのひとつで、提供する金融商品の内容やリスクなどについて、運用者が顧客に十分で適切な情報開示を行うことが証券法で義務づけられている。

また運用者が生き残るためには、最終的には提供するサービスが報酬に見合う付加価値をきちんと創造しているかどうかが査定されることになるだろう。

私見ではあるが、マネーの代理人のパフォーマンス測定にはクローバックの考え方などを取り入れて、長期でインセンティブを考えるべきではないだろうか。「メイク・マネー」が顧客のための価値創造ではなく自分の利益だけを追求することになってしまえば、それこそ単に腹黒い「金儲け」であり、そこに持続性はない。

第4章
「アルファ」を求めて
——ファンドマネジャーの仕事とは

スミスの次にアメリカ人で多い苗字はジョンソンなので、ジョンソンさんとしておこう。

ジョンソンさんは、大手投資運用機関のポートフォリオマネジャー。駆け出しの頃は投資資金がなかなか集まらず苦労したが、今では何千億円という規模の顧客資産を運用して世界中に投資する。投資戦略がうまく功を奏して、ここ数年、運用成績も極めて好調だ。

ボーナスは運用する顧客資産と運用成績に基づくから、家計も随分潤うようになった。妻と最近短い休暇をとりカリブ海のラグジュリー・リゾートを訪れたが、その美しさに感動したので、来年も同じ場所に行こうかと考えている。それともセカンド・ホームでも建てようか。

ジョンソンさんは自分はつくづく幸せ者だと感じ、その幸運を感謝している。とくに子ども時代のことを思えば、よくここまで来たものだと。ミドル・クラスの家庭の出身で、兄弟は自分を含めて10人。ジョンソンさんがまだ幼かったとき、父親は大家族をミニバンに乗せ、砂漠道を砂煙を上げて車を走らせてアリゾナへと向かった。大都市で働いていたが生活が不安定だったので、地方でファースト・フードのフランチャイズを経営しないかという話に飛びついたのだ。それまで何の縁もゆかりもなかった土地に移ってそこで育ち、それから数十年。

ジョンソンさんは、今度の週末を楽しみにしている。高齢になった母親を囲み、ニューヨークで久しぶりに全米各地に散らばっている兄弟みんなで集まろうという話になったのだ。ジョンソンさんは、このディナーの全員の勘定の面倒をみてやろうと考えている。場所はどこにしよう。有名なシェフのフレンチかイタリアンにしようか。それとも兄弟の住む田舎にはないジャパニーズにしようか。

恐怖と強欲（fear and greed）

市場を突き動かす人間の基本的感情としてよく「恐怖と強欲（フィア・アンド・グリード fear and greed）」という表現が使われる。誰が最初に言ったのだろう。正鵠を得たウォール街の格言である。

ジョンソンさんのように日々市場と格闘する投資家の感情には、「投資リターンを上げたい」「マーケットに勝ちたい」「もっと報酬を上げたい」というオフェンシブ（能動的）な側面と「マーケットに負けたくない」「損したらどうしよう」「クビになったら困る」などというディフェンシブ（受動的）な側面の両方がある。

顧客の資産を預かってそれを運用する行為に対して報酬を得る以上、ファンドマネジャーはリターンを上げなくてはならない。ファンドマネジャーは、ファンドのパフォーマンスに自分の名前を賭けている。運用実績は毎日アップデートされて職場の関係者にも一斉配信されるので、同僚の誰もが自分のファンドの成績が順調かそうでないかを知っている。うまくいっているときは、「すごいね。調子いいね」などと声がかかるが、競争心の強い同僚マネジャーからのやっかみも混じっていたりするし、うまくいっていないときは、周囲から気の毒そうな顔をされたり、それとなく距離を置かれたりする。気をつかってくれているのだろうが、かえって神経を逆なでされる。

もっと気が重いのは、クライアントとの対応だ。パフォーマンスが上がらないときに不機嫌なクライアントとミーティングするのは、どんなファンドマネジャーでも気が進まない。うちのファンドは長期投資でやっています。今は仕込み時です、ここが我慢のしどころです、などと言ってみても、さて顧客が納得してくれるかどうか。

「アルファ」と「ベータ」

ジョンソンさんのようなファンドマネジャーを毎日悩ますギリシャ語に、「アルファ」というのがある。

株式市場でよく使われるギリシャ語としては、「アルファ（α）」と「ベータ（β）」の両方がある。まず「ベータ」から説明すると、こちらは市場追随のリターンのことで、たとえば日経平均株価や東証株価指数（ＴＯＰＩＸ）が10％動いたなら、その10％がベータである。市場と同じリターンをとるだけなら、誰でもＥＴＦ[11]など手数料の安いインデックス投信を買って「パッシブ運用」をすれば「ベータ」はとれる。

一方、「アクティブファンド」のマネジャーが追求するのは「アルファ」と呼ばれるリターンである。「アルファ」とは市場の「ベータ」を上回る長期的な「超過」リターンのことで、たとえば10年間のファンドの平均年間リターンが８％で、市場のそれが５％だっ

11　exchange traded fund――特定市場の株価指数に連動する運用成績を目指し、金融証券取引所に上場している投資信託のこと。

たとすれば、その差の3%がアルファということになる。市場リターンを超える部分は、ファンドマネジャーの銘柄選択の目利きや売買タイミングの優れた判断によってもたらされたものだから、「アルファ」はファンドマネジャーが生み出す付加価値だともいえる。空売りをしない「ロング・オンリーファンド」(=純投資のみを行う投資ファンド)でも管理運用手数料はインデックス・ファンドより高いが、その差額は、ファンドマネジャーの手腕によるこの付加価値、つまり「アルファ」の対価ということになる。

またアクティブファンドのなかでもヘッジファンドの手数料がとりわけ高いのは、市場リスクを「ヘッジ」(リスク回避)する機能に対するものである。

典型的なヘッジファンドは「マーケット・ニュートラル(中和)」といって、同じような業種の銘柄で順買い(ロング)と空売り(ショート)を組み合わせてファンドを組成する。たとえばキリン・ロングでアサヒ・ショートとか、スクエアエニックス・ロングで任天堂・ショートとか、そんなイメージである。[12]

市場や特定業種の株価が上がっても下がっても、ポートフォリオには株が上がって利益を上げる「ロング・ポジション」と株が下がって利益が出る「ショート・ポジション」の両方があるので、ロングとショートが打ち消しあって、市場変動＝「ベータ」の部分は取り除くことができる。つまり顧客資産はマーケットの変動からは守られる、という考え方だ。

マーケットの影響をプラス・マイナスで打ち消してしまったら、ではリターンはどうやって稼ぐのかというと、そこは、ヘッジファンドマネジャーの目利きによって、よりポテンシャルの高い株を「ロング」して、弱い株を「ショート」する。

市場全体が上がるときにはロングしたほうの強い株が、ショートした弱い株の上昇（空売りポジションのほうは、株が値上がりすると損をする）以上に上がるはずなので、それによってファンドのリターンを確保し、市場全体が下がるときでも、順買いポジションの下落より空売りした株の下落幅が大きくなることでファンドの利益を確保する。こうして出てきたファンドの投資利益は、ロングとショートの組み合わせですでに「ベータ」が取

12 この組み合わせはあくまでも一例として挙げたもので、こうしたポジションを奨励しているわけではないので念のため。

り除かれた後のものなので、丸ごとマネジャーが生み出した超過リターン、つまり全部が「アルファ」だというのが、ヘッジファンドの理屈である。

このため一般的なヘッジファンドの成功報酬は市場リターンとの「差額」ではなく、稼いだ投資リターンの「絶対額」に基づいて計算される。

「マーケットに勝つ」使命

このように、アクティブマネジャーがパッシブ・ファンドに比べて相対的に高い手数料を正当化するためには、長期的に市場のリターンを超える「アルファ」をしっかり稼いでいなければならない。アクティブファンドには「マーケットに勝つ」という使命が、存在理由として最初から課せられているのだ。アクティブファンドが「アルファ」を生まなければ、顧客には安いインデックス・ファンドを買う選択肢がいつでもある。

投資運用会社のほうも、ファンドマネジャーやアナリストらが「アルファ」の獲得に精を出すよう、ボーナスなどのインセンティブを「アルファ」とリンクさせている。本来アルファは長期間のデータを遡及することによって測られるべきものだが、実際には半年や1年単位で「アルファ」が計算され、ファンドマネジャーやアナリストに報酬が支給されるケースも多い。

また投資運用会社の社内で配布されるファンドマネジャーの成績表なども、比較市場のリターンに対する「アルファ」が一目で分かるようになっているが、一日の「アルファ」とか一週間の「アルファ」とか、本来「アルファ」と呼ぶべきでない短期の市場超過リターンを「アルファ」と呼んで記載しているケースも目立つ。一日の「アルファ」などは、ファンドマネジャーの力量ではなくて、ただの市場のノイズかもしれない。でも、入りたてのアナリストから経営陣まで、みんなが毎日「アルファ」のスコアを見て一喜一憂している。

投資運用業界は、上から下まで「アルファ」というギリシャ語で埋まっている場所なのだ。

「アルファ」は市場に比べたときのパフォーマンスがどうかという比較で測られるので、株式市場が上向いている時でも、うかうかしてはいられない。むしろ市場が2割、3割と勢いよく急上昇するようなときに、それに追いつき追い越す成績をあげるのは大変だ。市場のリターンを超えられなければ、いくら資産価値が上昇して顧客がハッピーでも、成績としては「負け」で、ファンド成績の「アルファ」にはネガティブである。市場が元気なのに暗い顔つきをしているファンドマネジャーを見かけたら、たいていそういう場合だ。

逆に市場が大暴落していてもファンドの資産がそれほど低下していなければ顧客の資産防衛に大いに貢献したことになる。この場合、資産が目減りした顧客はそう喜んでくれないかもしれないが。

市場に勝てないアクティブファンド

アクティブファンドの手数料率がマーケットに「勝つ」ことを前提にしているにもかかわらず、長期にわたって市場に勝ち続けるのがいかに難しいことか、その末端にいた私を含めて、運用に少しでも携わったものであれば誰でも身にしみて分かっていると思う。

市場は「驕れるものは久しからず」。しばらく全てがうまくいっているように見えるときでも、それを自分の能力と勘違いしてはいけない。しばらく勝ち進んでいたファンドでも、市場の潮目が変わって、突然スランプに陥るときがある。マーケットは変わり身が速い。ヘッジファンドであれ、ロングオンリーであれ、「モメンタム」であれ「グロース」であれ「バリュー」であれ、ある年にある投資手法が市場で有効でも、翌年にはマーケットのセンチメントや嗜好がごろっと変わってしまい、「アルファ」のストックをごそっと持っていかれることも珍しくない。一貫した投資手法やスタイルを継続しながら長期にわたって市場に勝ち続けるのは実に難しいことなのだ。

冒頭のジョンソンさんのように、優れた仕事ぶりで市場に連勝するファンドマネジャーがいないわけではない。しかし、残念ながら、アクティブマネジャー総体としては「市場に勝てない」ことを立証する数々の統計や学術論文が出ている。

市場リスクをヘッジしてマーケットの変動に関係なくリターンをあげられるはずのヘッジファンドの運用成績も、実際には市場に左右されることが多い。ロング・ショートの組み合わせが裏目に出て、「ロング」順買いをしたほうの株が暴落し、「ショート」空売りしたほうの株が急騰するというダブルパンチで目も当てられないパフォーマンスになるという失敗例もしょっちゅう起きている。資産を預けるアセット・オーナーからは、ヘッジファンドが「アルファ」だと謳うリターンは実際には「ベータ」に過ぎず、「ベータ」になぜ高額の手数料を支払わなければならないのかという苦情もよく聞かれる。

あまり毎年毎年大きく市場に勝ち続けているファンドがあれば、レポーティングが正しいか、比較対象となっているベンチマーク[13]が妥当かなどを疑ったほうがいいかもしれない。

リーマンショックの後、米国で史上最大の巨額詐欺事件と騒がれた、バーナード・マドフ事件（米国では「バーニー・メイドフ」と発音されることのほうが多い）が発覚した。米ナスダック取引所の会長職まで務めて社会的な信用が極めて高かった人物が四半世紀にもわたって顧客を騙し続け、日本円で2兆円以上の投資資金と何千という個人や世界の投資機関が巻き込まれた。

マドフのヘッジファンドはブルーチップとオプションの組み合わせで毎年コンスタントに10％半ばのリターンを生んだと謳っていたが、実際には新規顧客の投資資金を従来からの顧客への「配当」に回すという、典型的な「ポンジ・スキーム」（一種のネズミ講）だった。マドフのファンドは、オプションのコストを考えると年平均リターンが20％という計算になった。そのようなリターンは不正でない限り不可能だと独自に検証し、SEC

（米国証券取引委員会）に何度も警告を送った金融のプロが、一人だけいた。それでもこの事件は、リーマンショック後の顧客の資産引き出しで自転車操業が破綻するまで、明るみに出なかったのだ。

マドフの運用「アルファ」はどう見ても、出来すぎ（"too good to be true"）だったにもかかわらず、野村ホールディングスをはじめ、世界の名だたる機関投資家までがいとも簡単に騙されている。多くの投資家はマドフの社会的地位と、紙の上の安定した数字だけを見て、考えることをやめてしまったようだ。それが大きな損失につながった。

さて、アクティブファンドが「アルファ」を上げられず、市場の「ベータ」に勝てないことを受けて、リーマンショック以降、多くの大手アセット・オーナーらがアクティブファンドを解約し、手数料の安いインデックス・ファンドに乗り換える傾向が俄然強くなった。図８のとおり、世界のＥＴＦの資産残高は、勢いよく伸び、２０１７年４月には４兆ドルを超えたことを、ファイナンシャル・タイムズをはじめとする世界の金融メディアが

13　ファンドマネジャーの「アルファ」算出のために使われる比較対象となる市場の指数など。

図８　ETF 資産の伸び

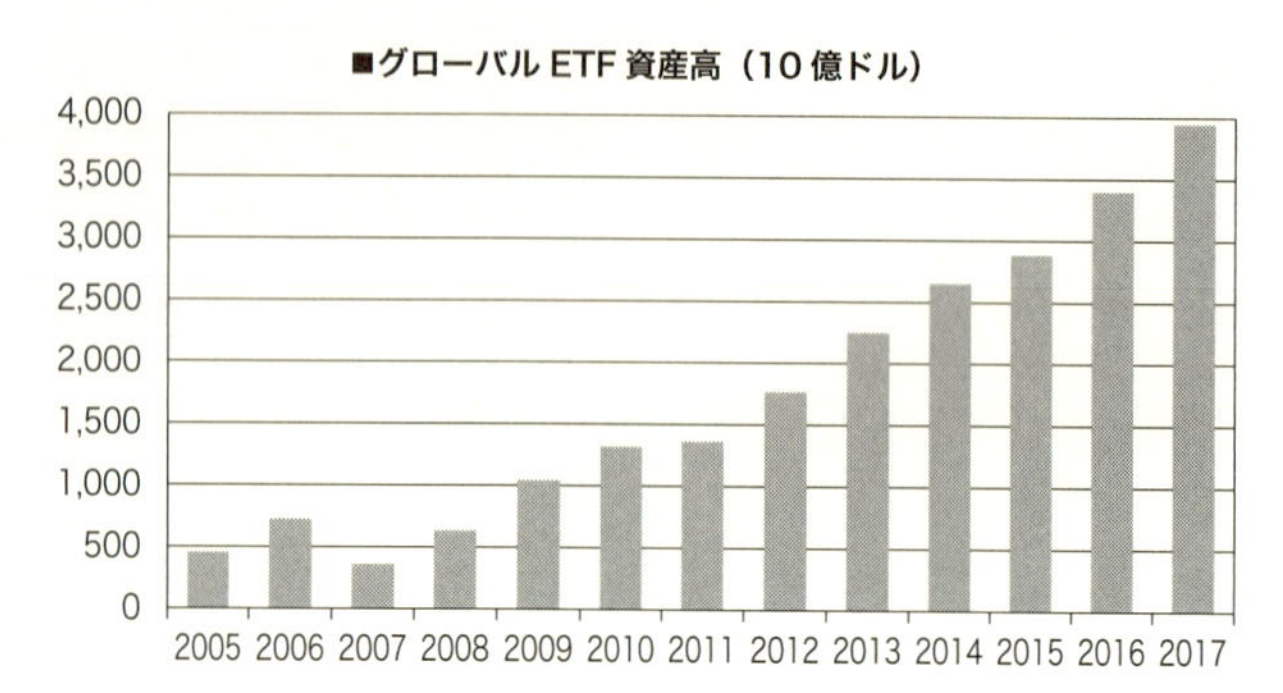

出典：ETFgi.com

伝えた。日本円で400兆円を超え、ドイツのGDPを楽に上回る規模である。アクティブファンドの資金集めは厳しい時代を迎えている。

市場との格闘

長期にわたる「アルファ」の維持は難しいという学術統計が出ていても、「アルファ」を生むという使命を帯びて生計を立てている以上、ファンドマネジャーらの市場との格闘は続く。では、企業が思ったような業績を出してくれないとき、市場が思ったように動いてくれないとき、ファンドマネジャーやアナリストはいったいどのような行動に出るか。

経済学の世界には「行動経済学」という分野があって、伝統的な経済学の数量モデルに心理学や社会学なども取り込んだ分析手法を用いる。

行動経済学がユニークなのは、それまでの経済学が前提としてきたように市場参加者を「合理的な経済人」だと見るのではなく、感情や偏った物の見方に動かされる非合理な主体、いわば「ナマの人間」だと考えて、いかにそうしたナマの人間心理や感情が、計量モデルでは説明できない「バイアス」を市場に生んでいるかに焦点を当てていることである。
実際のファンドマネジャーたちをちょっとでも観察すれば、株価のスクリーンを見ながら顔をしかめたり、ため息をついたり、机を叩いたり、あるいは口笛を吹いたり歓声をあげたり、とまさにナマの人間そのものだから、行動経済学は説得力を持つ。

たとえば行動経済学は、投資家が失敗する理由として、自分の情報収集能力に「自信過剰（オーバー・コンフィデンス overconfidence）」になって「自分には知識があるのだという錯覚（イリュージョン・オブ・ノレッジ illusion of knowledge）」や「外的要因までコントロールできるような理由のない錯覚（イリュージョン・オブ・コントロール illusion of control）」に陥ってしまうことを挙げている。

予想が外れたこの時点でさっさと素直に自分の無知と見当違いを認めてしまえば傷は浅くて済むのだが、行動経済学によると、多くの投資家はさらにそこから過ちを犯す。すなわち予想が外れた投資家は、自分の信じたことと現実との矛盾を突きつけられて「認識不協和（コグニティブ・ディソナンス cognitive dissonance）」に陥り、その精神的ダメージを緩和するような自己防衛に出るのだ。

「いやあ、実はこういうリスクがあるのは、ずっと分かってたんだよね」と、事実が明らかになった後になってからあたかもそれを以前から認識していたかのように言い訳する行為は「後追いバイアス（ハインドサイト バイアス hindsight bias）」と呼ばれる。

また予想が当たれば、「ほれ見ろ、俺の言ったとおりだろ」と有頂天になって自分の得点に評価を求めるくせに、予想が外れた途端に、「いや、予測不能な事態が起きたのだからしょうがない」などとすぐ外部要因のせいにしてしまう自己弁護は「自己奉仕バイアス（セルフ アトリビューション バイアス self-attribution bias）」と呼ばれる。投資の世界でなくても世間一般によく見られる言動である。

これらは学者が定義をしてくれた言葉だが、少しでも投資をしたことのある者なら誰でも心覚えがあるだろう。他にもいろいろ人間的なバイアスがあって、「私の予想は正しかったんだけど、時期が早すぎた」という「まだ」の自己防衛とか「私の予想は正しかったんだけど、新たな事態が出てきて変わってしまった。」という「これさえなければ」の自己弁護などなどは、自分でも過去、予測が外れたときに使っていそうであるから耳が痛い。

自己弁護で自分の過ちを正当化した結果、損切りする代わりに失敗したポジションにさらに投資金額を積み増しして、損失を膨らませてしまう投資家は後を絶たない。

投資業界は「アルファ」が全てである。「ここまでの推定は正しかったんだけど」などと言いはったところで虚しい。「アルファ」が出ればそれは「正しい」判断だったということになるし、「アルファ」がマイナスになる、つまり市場「ベータ」に負けたら、それは明らかな「間違い」であり「負け」であるのだ。

しかし、市場の予測というものが難しいからこそ、自分なりに懸命に考え抜いた末に選んだ銘柄や投資戦略が思いどおりにいき、マーケットという怪物が自分の思った方向に手なづくように動いたときの快感は癖になる。もちろんファンドマネジャーにとっては正しい予測をしたことによってファンドの「アルファ」があがり自分の報酬も増えるということもあるが、市場の読みが当たったときの「やったね」感は、投資に携わるものに金銭的報酬以上の精神的な満足感を与えるものだ。

マーケットの次の動きを当てることを、「グッド・コールをする」というが、5つのうち4つ外れてひとつしかコールが当たらなかったとしても、読みが当たったときの爽快感に病みつきになって、これがあるから仕事をやめられない、という投資運用者も多いのではないのだろうか。

情報との格闘

企業の実力を分析してファンダメンタル投資を行うマネジャーは、情報の海の中に「アルファ」のヒントを探す。ウォーレン・バフェットは「理解できないものには投資しない」という姿勢で有名だが、バフェットさんほど有名ではないマネジャーだって、自分が投資する銘柄、とくにファンドの上位銘柄については、なぜその株に投資するのかという理由を、自分の頭の中で明確にしておかなければならない。そして、理解するということをきちんと実践しようと思ったら、果てしない情報との格闘が待っている。

まず企業の置かれた市場の理解が大事だ。どのくらいの規模か、成長するのか縮むのか。人口や技術変化など、変化のドライバーは何か。競合は多いのかそれとも寡占か。マクロ経済はフォローの風かアゲインストか。政府規制は強化か緩和か……。

投資先企業についての理解も当然必要となる。その企業の業界での優位性は何か、その会社にしかない強みがあるのか、その優位性は長期的に守れるのか。マネジメントの戦略は優れているか。経験はどうか。戦略を実行するリソースがあるか、実績はどうか……。

収益モデルの理解も外せない。どういう原材料やリソースを用いてどういう商品やサービスを市場に提供しているのか、その過程で何を付加価値として生み出しているのか。生産には何が必要か。投資資金はどのくらいで、それをどのくらいの期間に回収できるのか。キャッシュを毎月コンスタントに生み出す事業なのか、それともある年にキャッシュがドカンとまとめて入ってくるが他の年には入らないといった事業か。売上が減ったときはそれに応じて柔軟にコストを下げられるのか、それとも固定費が高くて売上の減少以上に利益が大きく下がるボラティリティの高い利益構造なのか……。

そしてバリュエーション。今の株は割高か割安か。今後の業績ポテンシャルが市場から理解されているか誤解されているか。「隠れ資産」があるか「隠れた損失」はないか。それからコーポレートアクションの可能性——どこかの企業を買収したり、逆に買収されたりする可能性はあるか。増配しそうか減配か。自社株買いのポンテンシャルか増資リスクか……などなどなど。

企業を深く理解しようと思ったら、業界ごとの基本的な知識も必要になってくる。テクノロジー企業に投資しようと思ったら、理系でなくても、半導体リソグラフィー工程のベーシックやタッチパネルに使われる光学フィルムの違いなどは知っておきたいし、銀行に投資するときには自己資本にかかわるバーゼル国際規制や、金利スプレッドにクレジットコスト、また日本固有の「過払い」リスクなどに注意を払わざるを得ない。資源関連の企業に投資しようと思えば世界の鉱山や油田の純度や含有量、探鉱費用や精製、契約方法や資源国の課税の違いなどが関係してくる。医薬会社に投資する場合は最先端治療薬のパイプラインのポテンシャルを吟味しなくてはならない。

私は転職するまで、世の中のさまざまな事象についての「にわか勉強」はテレビレポーターの専売特許かと思っていたが、投資運用業界での詰込み勉強は、はるかにそれを超えていた。

グローバル株式ファンドのマネジャーになると世界中の企業が投資対象になるので、投資ユニバース、すなわち投資対象となる選択肢には優に数千社の企業が入ってくる。こうなると、限られた時間の中で最適な判断を下すには、情報の扱い方そのものについての戦略も重要となる。

多くのファンドマネジャーは情報「収集」ではなくて情報の「取捨」をやっている。必要な情報はより多く確実にかつ精緻に取得するが、アクションに結びつかない情報は、ばっさり捨てる。いや最初から拾いもしない。

投資候補銘柄の「スクリーニング」もその一つで、自分の投資スタイルや求める条件に合う銘柄だけを広いマーケットの中から選んでモニターする方法だが、投資アクションに結びつかない銘柄や情報は最初から見ない。

人間が一度に覚えられるデータの数は7つくらいまで、というのをどこかで読んだ覚えがあるが、切り落としてしまった情報までにはなかなか意識が回らないものである。とくに企業決算が集中する時期のグローバルマネジャーは猛烈に忙しくて顔つきまで変わっているから、情報の優先度に極めてセンシティブだ。日本が彼らの「スクリーン」に乗っていないときには良い投資アイディアを持っていっても白けた顔をされるので、すぐ分かる。

後段でグローバルマネジャーの日本に対する投資行動についても述べたいが、情報に「カット・オフ」を設ける普段の行動は、彼らの日本に対する関心が、急に熱したり冷めたりすることと無縁ではないと思う。

時間との格闘

世界の至るところに投資をして巨大な資金を動かすグローバル株式ファンドのポートフォリオマネジャーともなると、とにかく忙しい。何千という世界中の企業が投資対象になるから、候補を絞り込んで投資先を決めるだけでも充分忙しいが、投資先の企業も、買収や合併、経営者の交代劇、会社計画の上方修正や下方修正、配当の引き上げや引き下げ、はては不祥事にいたるまで何かとアクションを起こして世間を騒がしてくれるから、常にそれを追いかけていなくてはならない。

投資先や投資を検討している企業の経営陣と直接会って、企業戦略や業績動向を確認することも重要だ。株価が目標に届いたり、逆に当初の想定と企業の実態が違っていたら、トレードをして、ポートフォリオの銘柄の入れ替えもしなくてはならない。どの株をいくらで何株売ったり買ったりするのかの判断を下し、トレーダーとも蜜に連絡して、より有利な売買のタイミングを測る必要がある。

大きなファンドになると「ちょっとだけ」売り買いしたくても、一回の取引額が何十億円という規模になる。下手をすると、自分が売ろうとするとそれが株価を押し下げ、買おうとするとそれが株価を押し上げてトレード損が出る。自分の首を絞めることにつながりかねないから、注意が必要だ。さらに世界各地の顧客とも定期的に会ったり電話会議をしたりして、ファンドの運用状況を説明しなくてはならない。四半期に一度、顧客によっては毎月、運用結果のレポート提出の義務もある。

そのうえにさまざまな関係者がファンドマネジャーの時間の取り合いをする。大きなグローバルファンドではたいてい、ポートフォリオマネジャーの下に、補佐役として複数のアナリストが働いている。彼らは地域や産業ごとに担当を決めて保有株の業績をより詳しくモニターしたり、新しい投資アイディアを温めたりしているから、ファンドマネジャーはこうしたチームメンバーとも密接に意思の疎通を図って、次の戦略を練らなければならない。

さらに「セル・サイド」も大きな顧客であるグローバルマネジャーを放ってはおかない。著名なファンドマネジャーのところには、証券会社の営業担当が競い合ってさまざまな売り込みをかけてくる。個別株のセールストークに始まり、特定産業に深い知識を持つリサーチ・アナリストとのミーティングのお誘い、それに次の海外出張での企業ミーティングのアレンジなどのお手伝いの申し込み、などなど。セル・サイドの数は多いので、下手をすると、10社近い営業担当が毎日同じような電話をかけてくる。

大きなファンドのマネジャーが早朝仕事用のメールボックスを開けたら、すでに新着件数は百通近く溜まっているかもしれない。ブルームバーグ端末などとリンクさせている保有銘柄のアラートや関連ニュース、企業IR（インベスターズ・リレーション）からのお知らせ、チームアナリストからの企業分析と売り買いの推奨についてのメール（エクセルシートの企業の業績予測と妥当株価の計算モデルが添付されて、読んでもらいたいから「重要メール」の!!がついていたりする）、証券会社の担当セールスからの「買い」銘柄の売り込み、社内の顧客担当者からの次のマーケティングの日程についての連絡、売買を扱うトレーダーからの買い注文や売り注文についての確認事項……。

市場が開く前にアクションを取っておきたい案件もある。せっかく近くのベーカリーで淹れたての熱いコーヒーを買ってきたのに、メールに返事をしている間にどんどん冷めてしまう。オフィスのボイス・メールもすでに一杯だ。企業調査の資料が乱雑に積まれた机に置かれたコーヒーカップの隣には、昨日までの「アルファ」の成績表。さあ、今日も「アルファ」を稼がなくては！

第5章
投資業界の「ヤッピー」たち
――アメリカン・ドリームを夢見るエリートたちのラットレース

「言葉は悪いかもしれませんが、皆さん、欲は善なのです。欲は正義。そして欲は世の中を動かす。欲望は人類の英知を向上させるのです」(ゴードン・ゲッコー)

映画「ウォール街」より

「ウォール街」の群像

1987年公開のオリバー・ストーン監督の映画「ウォール街」は、今ではアメリカの金融ドラマのクラシックである。

チャーリー・シーンが演じる主人公バド・フォックスは、労働者階級の家庭で育った若き証券マン。マイケル・ダグラスが演じる企業の乗っ取り屋ゴードン・ゲッコーの華麗な生活に憧れ、ゲッコーから大きな注文を得ようと毎日電話をかけてアポを取り付けようとしたり、ゲッコーの誕生日に禁制品のキューバ葉巻のギフトを贈ったりと必死である。なんとか気に入られることに成功したバドは、やがて父親が労組の幹部をやっている会社の情報をゲッコーに耳打ちする……。

米国の金融業界に群がる若きプロフェッショナルたちの希望や欲や挫折を描いた「ウォール街」は、30年経った今でも色褪せていない。映画の顛末のようにインサイダー・トレーディングで法を犯してしまってはいけないが、金融業界に働く若者の心理を浮き彫りにした描写は、今の時代にも通用する。つつましやかな家庭で育った彼らは、一部の成功者の眩しいような富を見せつけられて、嫉妬と羨望、軽蔑と尊敬の混じった複雑な感情を抱きながら、それに刺激されて猛烈に働く。あの人のようになりたい。あるいは、あいつなんかにできるのだったら俺にもできるはずだ、と。

会社組織は階級社会だ。米国の金融企業などではファーストネームでお互いを呼び合っていても、オフィスの作り方からして階級がある。一定の役職以上の人には個室が与えられ、その中でもエラい人は上の方のフロアの、公園や港など景色の良い窓側の大きな個室オフィスに陣取る。一方、一定の肩書以下の人は個室ではなく大部屋に並んだ机に簡単な仕切りがあるだけの「キュービクル」と呼ばれる場所などに座る。

「キュービクル」と「個室オフィス」の間には、組織のヒエラルキーの中での力関係にも報酬にも、歴然とした格差がある。個室に陣取るボスが就業時間終了きっちりに帰宅してしまった後、そのボスに命じられた仕事を片づけるために、キュービクルに残って暗くなるまで仕事を続ける若者たちも多い。彼らは、昇進して窓側のオフィスに移動する日を夢見て、頑張るのだ。

米国の大都市で生活すれば、至るところで成功者らのこれ見よがしな富を見せつけられることになる。若いアナリストが郊外にあるボスのプール付き豪華自宅でのパーティーに招かれたりすることもあるだろう。米国の金融機関などでは、仕事の内容や経験によって、同じオフィスに働く人々の年間報酬に、極端な開きが出ることも珍しくない。トレーニーやエントリーレベルの事務要員やアシスタントなどだと2～300万円程度というところから始まり、上は数億円単位の報酬をもらっている重役陣、さらにメガ・ディールを獲得したバンカーや大きな取引利益を稼いだ花形トレーダー、巨大な預かり資産額のファンドを運用するヘッジファンドマネジャーなどでは、大きなリターンを上げた年にもう一桁上の報酬を手にする人までいる。同じエレベーターに乗って同じ廊下を歩いていても、報酬の差は百倍とか、下手をすると数百倍にもなるのだ。米国金融業界のこうした職場格差は、日本とはかなり異なる。自分自身の待遇がぱっとしなくても周りの人々の報酬が同じようなものならそれほど意識には上らないものだが、ウォール街の職場は、常にまわりと自分を比べる材料に溢れている。上昇志向の強い若者は、きらびやかな富がすぐ隣にあるのに、それになかなか手が届かないという渇望感にさいなまれることになる。

でも、こうしたすぐ傍に見える「一つ上の世界」に触発されて、若者たちが懸命に働き、頭を使い、チャンスを掴んで親の世代より良い生活を目指すというのは、何世紀にもわたって繰り返されてきた米国の移民の歴史そのものだ。

サクセス・ストーリーへの嫉妬と羨望、そしてそれがモティベーションとなった人々の勤労意欲は、米国の国際競争力の源ではないかとすら思う。アメリカという社会の標榜する「平等」は「機会平等」のことであって、結果の平等やセイフティーネットであったことはない。(なお、「機会平等」についても、税制度や教育などそれが担保されているかについては大いに議論があるところである)

私が投資運用業界で出会った人々も、ごく普通の中流家庭の出身者が多かった。親の世代は教師だったり工場勤めや普通の会社員だったりで、とりたてて豊かではない。中には子どものときに親と一緒に移民として米国にやってきて、苦労する親の背中を見ながら育った人たちもいる。日本ではよくアメリカを支配するのは「WASP(白人のアングロサクソン・プロテスタント)」だといわれるが、私が投資業界で出会った人々は、白人でもカトリック教徒やユダヤ系など非プロテスタントの米国人が多い。

OECDのデータを見ると、親の世代の格差がそのまま子の世代の格差につながる傾向が顕著で、米国の社会流動性の低さは先進国中、イギリスやイタリアと並んで最悪である。(図9)。「アメリカン・ドリーム」は、国全体としては機能していないことを、この数字は示している。しかし、医者、弁護士、コンサルタント、インベストメント・バンカー、トレーダーやファンドマネジャーなどのホワイトカラーでは、親の世代とは桁違いの収入を稼ぐ人も珍しくはない。一部のホワイトカラーの専門職は、「靴屋の息子は靴屋」という用意された社会階層を拒否してそこから這い上がろうとする人々に機会を与えて、米国社会にかろうじて流動性を残しているのかもしれない。

図9　親の世代と子の世代の収入の相関度

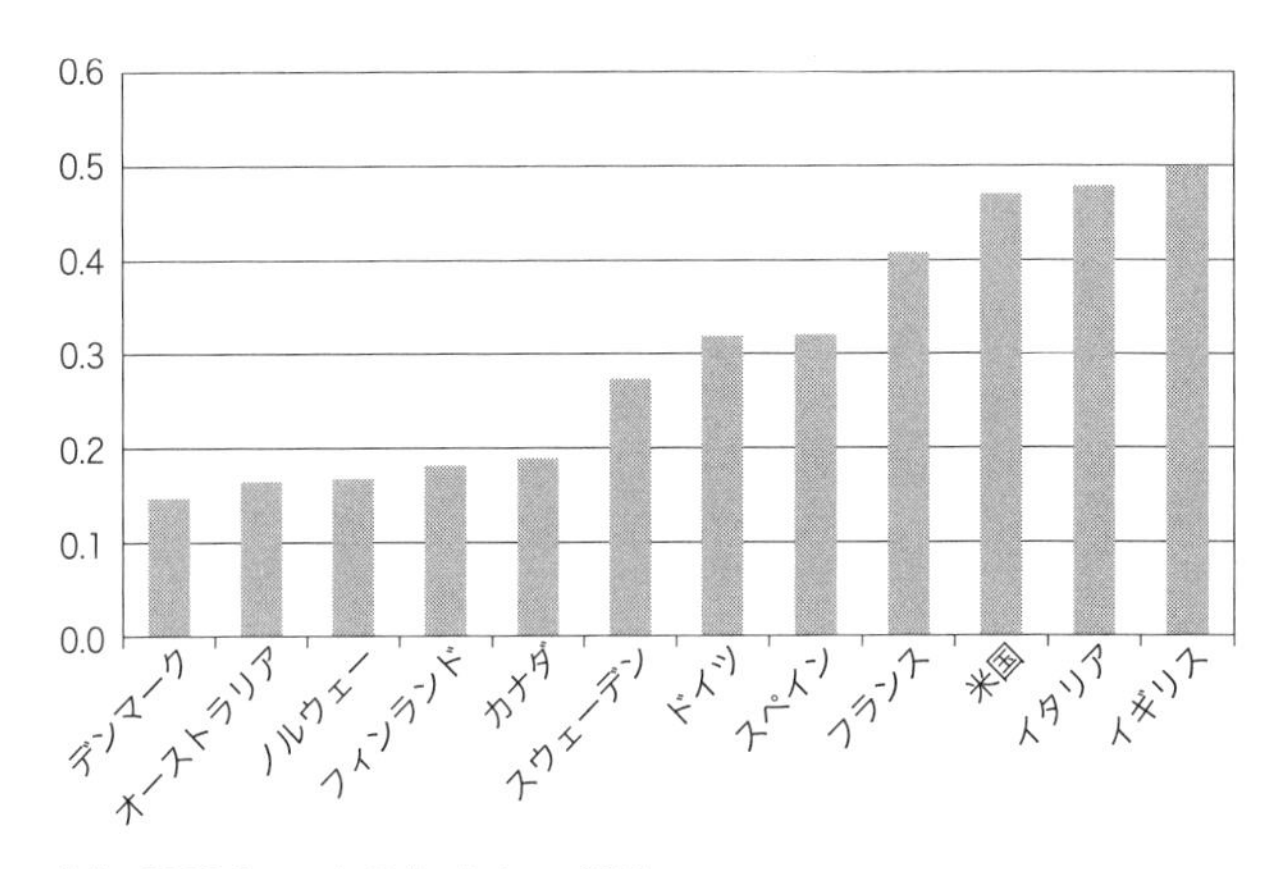

出典：OECD Economic Policy Reforms 2010

投資マネーを動かすヤッピーたち

都会で働く若いホワイトカラーのプロフェッショナルたちのことを「ヤッピー（Yuppie＝Young Urban Professionals）」と呼ぶ。アメリカの金融業界は概して若い。投資運用業界でも40代でリタイアするファンドマネジャーも少なくはなく、50代も後半になると同年代が見当たらなくなってくる。それに代わって毎年、大学やビジネススクールを出たてのエネルギッシュなヤッピーたちが、次々とこの業界に流入してくる。

一部の成功者とその生活にあこがれて志願してくるヤッピーは後を絶たないので、採用企業はファンドマネジャーの世代交代に備えた戦力の入れ替えには困らない。「国際金融資本が世界を動かす」などと言うと、眉間に皺をよせた老獪な相場師らが談合しているようなイメージが浮かぶが、実際にグローバルな投資マネーを動かすのは、ポロシャツにコットンパンツなどのこざっぱりした格好をした人生経験の比較的浅いヤッピーたちなのだ。アラブのオイルマネーなども欧州を中心にヤッピー人材を多く採用していると聞く。

私がニューヨークやボストンの投資業界で出会ったヤッピーの多くは高学歴で、一流大学や大学院の卒業者が目立ち、博士号の保有者も少なくなかった。彼らは世界の時事問題に対する知識や知識欲も高く海外にもよく出かけているから、外国や外国人に対する偏見も相対的に少ない。

日本のこともいろいろ知っていて、スシも大好き。日本の経営陣と会うときにはお辞儀はすべきだろうか、名刺はどう渡せばいいのだろうなどと、異国文化に気配りする文化的な感性も高い。もちろんアメリカの教育システムで訓練されているので、ディベートやプレゼンも上手だ。

彼らは総じて仕事に対する意識が高く、よく働く。日本の会社にありがちな、長い時間会社に残ってダラダラ残業するというスタイルではないが、昼食に時間をかけずサラダなどを買ってPCに向かって仕事しながら10分くらいでささっと済ませてしまうところなどは、日本の職場でお昼にコンビニのパンやおにぎりを買って済ます感覚と変わりはない。効率と結果重視で、メールや報告書やプレゼンといった時間あたりのアウトプットの量は高い。見えるように仕事しているといえるのかもしれない。

その分、自分の仕事の時間単価についての報酬要求もはっきりしている。また、個人の生活を大切にし、既婚者が毎日のように仕事終わりに同僚とつるんで飲みに行ったりするのは見かけない。

競争心の強いヤッピーたち

ヤッピーを観察したいと思ったら、早朝、ニューヨークのセントラルパークやボストンのチャールズ川の川沿いをジョギングするのがいいだろう。セントラルパークはジャックリーン・オナシスの名を冠した美しい貯水池の周りが絶好のジョギングコースになっているが、早朝は高い自己管理意欲と競争心を漲らしたヤッピーたちが大勢ハイピッチで走っていて、私のように景色を楽しみながらタラタラと歩いたりするものは、すぐ邪魔者扱いされてしまう。

彼らも勤め人であるという点で日本のサラリーマンとそう変わりはないが、前述のとおり雇用環境はずっと不安定で流動的だ。とくに若いうちは、2、3年ごとに職場を変えることも珍しくない。

彼らは大手金融機関に採用されるまでに学歴という競争を潜り抜けているが、競争に勝って収入の高い仕事についたとしても、そこにはまた激しい競争が待っている。生き残ろうと思ったら常に自分を律して見える成果をあげていなくてはならない。常に「あいつは仕事ができるやつだ」と見られていなければならないのだ。健康管理も大事で、皆よくジムなどに通っている。金融機関で働くヤッピーには喫煙家や肥満タイプも少ない。一方、マラソンレースの参加者は結構な数でいる。

私の知るヤッピーたちは全般的に紳士的でフレンドリーだったが、彼らが仕事で垣間見せる競争心には激しいものがあった。

とくに情報力についての対抗意識は強い。一人がある株を「買い」だと主張し、もう一人が「売り」だとして熱いディベートになる。

「この企業の製品には将来性はないし、需要はもうピークアウトするさ」

「いや、それは近視眼的すぎる。まだ開拓していない市場のポテンシャルが見落とされているし、単価の高い新製品は伸びているよ」

「でも、すぐ競合に真似されるような技術じゃないか。新商品の価格はすぐ崩れるよ。そもそもそんなポテンシャルは全て株価に織り込み済みだ」
「いやいや、そんなことはない。まだポテンシャルは過小評価されているから、この株価水準は魅力的だ」……

議論は延々と続き、どちらも譲らない。自分の願望を含んだ保有株の「ポジション・トーク」である場合は、ことさらそうである。

多くの場合、そうした論争は知的職業に就き、企業の事業や株の真の価値を追求しようとするプロとして、健全な情報交換である。しかし時折、ディベートに個人的な対立感情が隠れていたり、なかには他人を攻撃したり自分の能力を誇示するために情報を使う者もいる。企業についての一過性の出来事や細かいオペレーションなどあまり本質的でない情報を持ち出して、「そんなニュースもミスしたのか」とか「こんなことを知らないなんて奴は分かってない」などと、チクチクとやる輩である。

まあこれは、海外のヤッピーに限った話ではないかもしれないが。

居丈高な金融ヤッピーたち

これは多分に個人の性格の問題だが、人生経験の浅い金融ヤッピーの中には、自分の仕事が他人のマネーの代理人でしかないことを忘れて「オレは投資家だ」と居丈高な態度を振りかざす者もたまにいる。調査などロクにせず何をやっている会社なのかも分からないまま企業トップとのミーティングに出て、質問に困った挙句、基本事業の説明を謙虚にお願いする代わりに「なんでウチのファンドがあんたの企業に投資しなければいけないのか、その理由を説明しろ」などとふんぞり返るヘッジファンドのアナリストやファンドマネジャーを見かけたこともある。

欧米企業の経営者は比較的こういう挑発的なヤッピーの態度に慣れているから適当にこなすが、年長者尊重の文化圏から来られた年配の日本人社長が、「若造」金融ヤッピーの無遠慮な質問に顔色を変える場面を目にしたこともある。

金融ヤッピーの中には、財務や会計や経済学ばかりを学び、金融業界の経験しかない「純粋培養」組も多い。スプレッドシートに打ち込んだデータばかり見ていると、企業のオペレーションについての想像力が欠如してしまいがちである。企業が目標を達成するには安定した事業環境や景気動向、顧客から注文を取る営業マンの活動や、原材料の確保や価格コントロール、工場での生産管理、納期やデリバリーの達成などさまざまな条件が整うことが必要となる。これら諸条件のコントロールの難しさに想像力がはたらかないと、業績が予想を下回ったときに理由がよく分からないから、自分の分析や予想の間違いを棚に上げて、「経営者は何をやってるんだ!」と憤ることになる。

たとえ20代や30代の若造であっても「株主」には違いないので、経営者たちは彼らヤッピーを粗末にはできない。一方若いヤッピーたちのほうには自分は顧客のために「メイク・マネー」しているという責任感もあるし、「アルファ」査定のプレッシャーもある。あるいは人生経験の長い企業経営者を前にして、ちょっと力んでいたりもする。運用会社と企業トップとのミーティングで、20代、30代の若者が50代、60代の社長に、質問というより詰問、または罵声に近い言葉を浴びせる場面を見かけたことも少なくはない。

とはいえ、多くの金融「ヤッピー」たちは、情熱的で勤勉に業務を遂行していると付け加えておきたい。相手が海千山千の年配経営者でも物怖じすることなく聞くべきことは堂々と質問して企業への理解を深め、投資判断に繋げるのがファンドマネジャーやアナリストの仕事である。また経営者の判断が株主価値を毀損していると思われる場合には、それを率直にぶつけて、株主価値の向上に向けて経営者と対話するのが、顧客の資産を預かる代理人、受託責任者（フィデューシャリー）としてとるべき行動でもあるのだ。

投資業界は男性社会

女性の社会進出では日本は米国より20年程度遅れていると思うが、その米国でも投資の世界はまだまだ男性社会であり、ファンドマネジャーは圧倒的に男性が多い。米国証券アナリスト資格（CFA）の受験のために会場となったホテルに行ったら、休憩時間に廊下まで長蛇の列ができていたのは、男性トイレの前。女性用はまったく待ち時間なしであった。米国の劇場や映画館を考えたら信じられない現象である。その後入社した投資運用会社の社内行事でもトイレに列ができたのは男性用だったし、証券会社が主催して企業と投資家が集まる日米の投資家フォーラムなどでも同じ現象が起きていた。

女性の社会進出が進んだといわれる米国でも、女性のアナリストやポートフォリオマネジャーはまだまだ少数派である。一方、アシスタントやセクレタリーの席には、女性がずらりと並んでいる。女性のファンドマネジャーやアナリストのもとで男性のアシスタントが働くケースも皆無ではないが、とても珍しい。

女性の投資運用担当者らは、子どもができたりすると、毎日が「戦モード」である。子どもがいない私でも仕事だけで手一杯だったから、育児と仕事を両立させている彼女たちには敬意を表する。

米国では日本のように産休が長くないから、子どもを産んで2週間程度ですぐ現場復帰しなければならない。移民社会なので育児や家事の手伝いをしてくれる人を探すのは日本より容易だが、それでも赤児の夜泣きで夜寝られないまま早朝に会社にやってきて一日中仕事に追われる母親プロフェッショナルたちは、はたから見ているだけでも疲労していることが分かる。女性化粧室傍のスペースで鏡の前に置かれた小さなテーブルに突っ伏して眠りこけている若き母親プロフェッショナルを見かけたこともある。

セル・サイドにいたときに同僚から聞いた話では、ニューヨークの証券会社のある女性アナリストが出産の翌日に顧客と電話会議を開き、「私、昨日子どもを産みました。ええ、ベイビーは元気です。有難うございます。ところで私の今日の買い推奨はゼロックスです」とやって、無茶苦茶早い現場復帰を遂げたという。さすがに出産の翌日というのは若干脚色されていたのじゃないかとも思うが、金融界で働く米国の女性たちにとって、いかに出産などによるブランク後の仕事が不安なものかということを物語る一例であろう。

金融業界という「アメリカン・ドリーム」

ファンドマネジャーの報酬の多寡は基本的には管理する資産の額と投資リターン評価に基づくので、数千億円とか兆のつく巨大なファンド運用をしているグローバルマネジャーになると、毎年の収入が数億とか数十億円という人も出てくる。

アメリカのお金持ちは明るく、あっけらかんと富を誇示する。ある金融関係者の自宅パーティーに招かれて石造りの大きな高級アパートメントのエレベーターで上の階に上がったら、階に着いてドアが開いた瞬間、目の前にいきなり絨毯が敷き詰められソファーの置かれた居間が現れて驚いたことがある。そのエレベーターはその一家の「専用エレベーター」だったのだ。いくつもの部屋には世界のオークションで集めた絵画が飾られ、バーベキューの置かれたベランダだけでも我が家の総面積の2倍は確実にあっただろう。

この手の話にはキリがなくて、やれ誰それが高級車をプラモデルのようにガレージに1ダース並べているとか、誰それが自宅の屋根をイタリア風瓦屋根にするためにイタリアから瓦を取り寄せたのみならずイタリア職人も一緒に「空輸」したなどの逸話はいくつも耳にした。

夏場はセカンド・ハウスで海を見ながら「自宅勤務」を決め込むファンドマネジャーも多く、オフィスが閑散とする。アメリカのメディアで見聞きした実話にはこういうのもある。あるヘッジファンドマネジャーは家族旅行するのにいつもプライベートジェットに乗る。だから彼の子どもは他の乗客と一緒に「普通に」空港から飛行機に乗った経験がない。その子は学校でクラスメートにそのことを笑われて帰宅し、「パパ、お願いだから一度は他の子みたいに空港で列にならんで飛行機に乗ってみたい」と懇願したのだそうだ。こういう呆れるしかない話が米国ではごろごろしている。

「ラットレース」ネズミの競争

多くの人々が忙しく働く競争社会のことを英語で「ラットレース（rat race）」というが、「ねずみの競争」とはよく言ったものである。

たくさんのネズミが一斉に迷路に放たれて、小さなチーズのかけらなどわずかな報酬を得るために、必死に動きまわる様がそのイメージだ。多くのネズミは忙しく動きまわるだけで、結果的には何も得られないので、「ラットレース」の意味するところは、忙しいだけで報われない努力ということにある。中には周りのネズミがみんな忙しく動き回るので、それにつられて一緒に走ってはみたものの、そもそも何のために走り回っているのだったか、よく分かっていないネズミもいるのだろう。

少しくらい金ができても、ヤッピーは常に仕事に追われる時間貧乏だ。豊かさを堪能する時間や心の余裕はあまりない。ヘッジファンドのアナリストなどになったりすると、報酬は良いが、寝る暇がないほど酷使される。

結婚してオフィスへの通勤が至便な都会のマンションを買ったり、子どもができて近郊に一戸建てを買ったりすると大きな支出になるし、借金もできる。米国では公立の学校教育の質も問題なので、子どもを幼稚園から私立に入れる親も多いが、都市部の有名私立幼稚園や小学校では年間の学費が3、4万ドルと、私立大学並みにかかるところも多い。

また、順調に収入が増えてくると、より大きなプール付きの家に住んだり別荘を買ったりと支出の方もあわせて増大させてしまう人が圧倒的に多いが、勤め人であるかぎり、仕事を失った途端に収入が途絶える。つまり、いつまでたっても気は抜けないのだ。

頭の中は、自分の行う投資行為の及ぼす社会的な影響という抽象的な概念より、自分と家族の生活をどう防衛するか、いやその前に目の前の仕事をどう片づけるかで、かなりの部分が一杯になっている。

ヤッピーたちの雇用も不安定だ。投資にかかわる仕事は、雇用そのものが市場のアップ・ダウンに左右されることも多い。金融は人が動いて情報をつかみ、人がその情報に基づいてマネーを動かす事業なので、コスト項目では人件費の比率が大きい。米国の金融企業、とくに株式を公開しているような会社になると、経営陣は四半期毎の利益を気にする。

市場が下落して会社の収益が減っても人件費のほうは変わらないから、そのままだと利益が激減する。そのため、数年に一度のサイクルで株式市場の下落局面がめぐってくるたびに、いきおい人のカットが始まる。

あるアナリストがリストラに遭ったときの話だ。ある朝、普段は使われていない上層階の部屋から電話がかかってきた。何だろうと思ってそこに行くと、会社の重役がずらっと並んでいていきなり白い封筒を渡される。それは、会社を訴えないという誓約書に署名すれば、一定額が支払われるという解雇手当の書類だった。突然の出来事にショックを隠し切れない様子で部屋に戻ってきた彼は、それでも気を取り直してお別れの挨拶を同僚にメールしようと思ったのだが、パソコンの画面を見てもう一度ショックを受けた。そのときには、すでに会社のメールシステムにはアクセスできないようになっていたのだ。

先ほどのOECDのデータを見るかぎり、米国の多くの勤労者は、ラットレースに参加した挙句、アメリカン・ドリームが蜃気楼でしかないことを悟ることになりそうだ。金融業界にも毎年大勢のヤッピーたちが入ってくるが、見切りをつけて去っていく者も多い。他の産業の会社に転職したり、自分で事業を始めたり、NPOなど社会事業に移ったりと、その後の人生はさまざまである。ネズミのように走るのはもうやめた。自分を見つめ直したい、と長い旅行に出かける若者に会ったこともある。

こうしたラットレースを勝ち抜いて世間から成功者と見られる人々の中でも、精神的なラットレースから抜け出せないでいる者もいる。

先日も米国の著名ファンドのマネジャーが借金を苦に自殺したという新聞記事を目にした。毎年数億円の収入を手にしていたが、30億円を超える価格で購入した自宅の借金があった。子どもの私学入学などでキャッシュが必要になってその自宅を売却しようとしたが、なかなか売れずに悩んでいた、などと記事は綴っていた。

ものの価値を吟味することに長けているはずの金融関係者にマネーで失敗する例が後を絶たないのはどうしたことだろう。富豪プロフェッショナルといっても、彼らは精神的には「高給取りのサラリーマン」でしかないのかもしれない。

第6章

グローバルファンドはなぜ日本株を買うのか？

——外資脅威論の実体

ロシア系の女性のファーストネームで最も多いのは、ソフィアだそうだ。ソフィアさん、にしておこう。

ソフィアさんは、グローバル投資機関に勤めるアナリスト。これまで日本に行ったことはなかったが、最近日本株が見直されるようになり、彼女が働くグローバル株式ファンドでもいくつかの日本株に投資をすることになった。その企業調査のために、日本にやってきたのだ。

彼女はセル・サイドの証券会社が主催する投資家向けカンファレンスに参加して、二百人程度の他の投資家たちに交じって都内のホテルに数日間缶詰になり、数多くの日本企業の経営者やIR（インベスターズ・リレーション）の担当者とミーティングを重ねた。10時間を超えるフライトと時差はきつかったし、親に預けてきた幼い子どもたちのことが気にかかるが、はるばるやってきた甲斐はあったと思う。思ったより競争力の強い企業も多くて、新しく投資できそうな銘柄も見つかった。これで日本企業の配当とか株主還元率が他のグローバル企業のように高ければ、もっといいのに……。帰国したら、さっそくファンドマネジャーに詳しく報告しよう。その前に簡単なメモも送っておこう。

日本では、街を歩いている女性たちの服がファッショナブルなことと、タクシーが清潔なことに感心した。ホテルの従業員の対応なども、とても丁寧で好感が持てた。日本食もアメリカで食べるものよりずっと美味しかったし、週末に行った京都もとても良かった。ひょっとして私は、この国なら住めるかもしれない。今度はハナミのシーズンに来ることができたらいいな。

外国人投資家のプレゼンス

これまでの章で述べてきたように、日本株を動かす外資ファンドも「マネーの代理人」として雇われた多くの投資のプロによって運用されている。そうした外資の中には、東証の区分けなどで「海外投資家」と呼ばれていても、東京にオフィスを構え、日本人運用者を大勢雇っている投資機関もある。

外資ファンドの日本株運用者とひとくちに言っても、そこには言葉や文化面でのハンディのない生粋の日本人や、プロローグに出てきたシンさんやマルタンさんのような外国人の日本株専門家、それにジョンソンさんやソフィアさんのように投資のプロではあるが日本にはとくに詳しくないグローバルファンドの担当者ら、さまざまな人々が混じっている。「外資」という言葉には顔がないが、実際の外資ファンドに勤める彼らの一人一人は生の人間であり、その多くはごく普通の生活者である。「外資が日本株を動かしている」と言っても、知らないことが多くて不安な日本株にこわごわ投資して株価の変動に一喜一憂している外国人も多い。

にもかかわらず外資ファンドが脅威と見られる理由の一つは、日本株市場でのその圧倒的な存在感である。「日本株を誰が保有しているのか」については、図10が答えてくれる。90年代の金融自由化以降かつての日本企業同士の「持ち合い保有」が減り、その分外国人の保有比率が上がって今や外国人による保有は東証上場企業のおよそ3割に上っている。日本取引所グループの2017年6月20日時点での発表によれば、東証一部、二部とジャスダックを合わせた時価総額は580兆円程度で、外国人投資家が170兆円以上の日本企業の株式を保有している。

しかし、保有という「ストック」で見たときと、取引という「フロー」で見たときでは、

図10　日本株主体別保有状況

出典：日本取引所グループ株式分布調査・所有者別保有比率のデータに基づき筆者作成

また違ってくる。保有では3割だが、日本株のトレードに占める外国人投資家の比率はもっと高い。日本取引所が発表している投資部門別株式売買状況の東証の取引データ（一部・二部合計、2016年）では、「売り」「買い」を合わせた総売買代金は、海外投資家が799兆円で、個人投資家の234兆円を大きく抜いて7割を占めている。また、こちらは株式ではなく商品取引の扱いになるが、株式市場にインパクトの大きいTOPIX先物取引では、外国人の取引総額は全体の9割にものぼっている。

つまり、日本株を動かしているのは圧倒的に外国人投資家、「外資」なのである。資産を回転させるスピードも早い。一回の取引で「売り」と「買い」の両方が発生するから外資はざっくり800兆円の半分の400兆円程度の資金を一年に動かしているわけだが、これは保有する日本株資産の170兆円を一年に2・35回転させている計算になる。

日本の個人投資家にはショートタームの売り買いをする「デイトレーダー」が多いが、それでも平均すると100兆円程度の保有規模で1年の売買金額は売りと買いの両側を合わせて230兆円程度だから、ターンオーバー、つまり資産を入れ替える頻度は、1年に

1回強である。信託銀行や事業法人など国内の機関投資家となると、ターンオーバーはずっと低くて、３００兆円近く保有する日本株を1年に50兆円程度しか動かさせない。日本の大手投資機関は、基本的にいったん株を買ったらそれをずっと持ち続けるという「バイ・アンド・ホールド」の投資家だ。このデータによる比較では、日本株を平均で年間2回以上入れ替える外資は、やはり短期志向の投資家だということになる。

世界の証券取引所のデータと比べても、日本株のターンオーバーは米ナスダックや上海や深センなどを除けば世界の中でも高い部類に入る。90年代の金融緩和で外国人投資家比率が上昇する前と比べると、日本株保有の短期化傾向は顕著である。短期の売り買いによる日本株のボラティリティ、価格変動の激しさは、主に外資がつくっているともいえる。

ではなぜ外資の日本株ターンオーバーは高いのだろう。最近はコンピュータプログラムによる自動高速トレードが増えて世界の市場でターンオーバーが高く（＝保有期間が短く）なる傾向にあり、米ナスダックなどでは特にそれが顕著である。たしかに、日本でも日経２２５先物やミニ日経先物、ＴＯＰＩＸ先物などの先物取引は、年間何百兆円に膨らんでおり、先物と現物株式との間で、1秒間に何千というコンピュータの高速トレードを使って超短期の鞘取りをするのも投機筋には人気だ。外資による日本株の回転が速い背景には、高速取引の影響もあるのかもしれない。

しかし高速プログラムトレードは日本にかぎったことではないし、それだけでは日本株がときおり突然動きだしたりする現象はうまく説明できない。

日本株の売り買いが活発となる背景には、ソフィアさんのファンドのようなグローバルマネジャーが、日本株投資が「アルファ」を生むのかどうか常に試行錯誤しながら、日本株に出たり入ったりを繰り返していることも一因ではないかと私は思う。グローバル投資家は、日本株を自分のファンドに組み入れることが世界のインデックスに「勝つ」、つまり「アルファ」を稼ぐことにつながると思うときには日本株に一斉に入ってくる。しかしそうでないと見れば、他に世界中の投資選択肢があるので、日本株からさっさと退却してしまう。こうした海外投資家のキャピタルの出入りが日本の株式市場のボラティリティを上昇させている。とくに、いったん動きだしたときの日本株の動きは激しく、普段あまり日本株を気に留めていなかったグローバルマネジャーも、いきなりモニタースクリーンに点滅しはじめた日本株を見て、あわててその動きに追随しようとする。

ETFなどのパッシブ運用に押されているとはいえ、米国だけでもアクティブ株式ファンドの資産残高は17兆ドル、ざっと1700兆円以上ある。先ほどのとおり、外資による日本株保有も170兆円の規模だから、外資が保有する日本株の1％を入れ替えれば、売買高は売りと買いを合わせて3兆円以上になる。一方、日本株の一日の平均総売買高も3兆円程度（出典：日本証券取引所グループ、2016年）である。したがって外資が一斉に「日本買い」あるいは「日本売り」に動いたときの市場へのインパクトが大きいことが想像できるだろう。

「外人買い」が入ると日本株が一気に上がり、「外人売り」だと一気に下がる。実際にはその動きは統率のとれたものではなく、海外投資家たちも自分たちが生み出したボラティリティーの中で、激しく動く日本株に翻弄されている。とくにソフィアさんのように日本株に慣れない投資運用者は、ちょっと買ってみた日本株が思いがけなく短期間に急上昇してさあどうしようと迷ったり、逆に理由もなく急に株が下がったので慌てて損切したりと、結構うろたえているのである。

でも日本人の眼には、国際資本が申し合わせたように動いて、意図的に日本市場を攪乱していくように見えてしまう。みんなが同じ方向に殺到して大きなマネーが動く市場は、「陰謀」に見えやすい。

日本への「直接投資」はソマリア並み

でも、日本での「外資脅威論」はちょっと誇張されているかもしれない。

確かに日本株のトレードで見れば外資の存在感は圧倒的だが、外資がどれくらい本当に日本にコミットしているかという「直接投資」(FDI = foreign direct investment)で見た場合には、図11のとおり、日本のGDPの5%にも満たない。これは先進国中最も低いのみならず、世界的に見ても、UNCTADの199カ国の統計で下から十位のうちに入り、ソマリアやネパール並みの低水準なのである。米国はGDPの3割以上、韓国や中国でも1割以上の直接投資を受け入れている。

株式投資と直接投資でこれだけの差が出るのは、直接投資は永続的な経営支配という性格のものとして、配当やキャピタルゲインを追求する株式投資とは区別されるためである。

図 11　対内直接投資残高とGDP比率

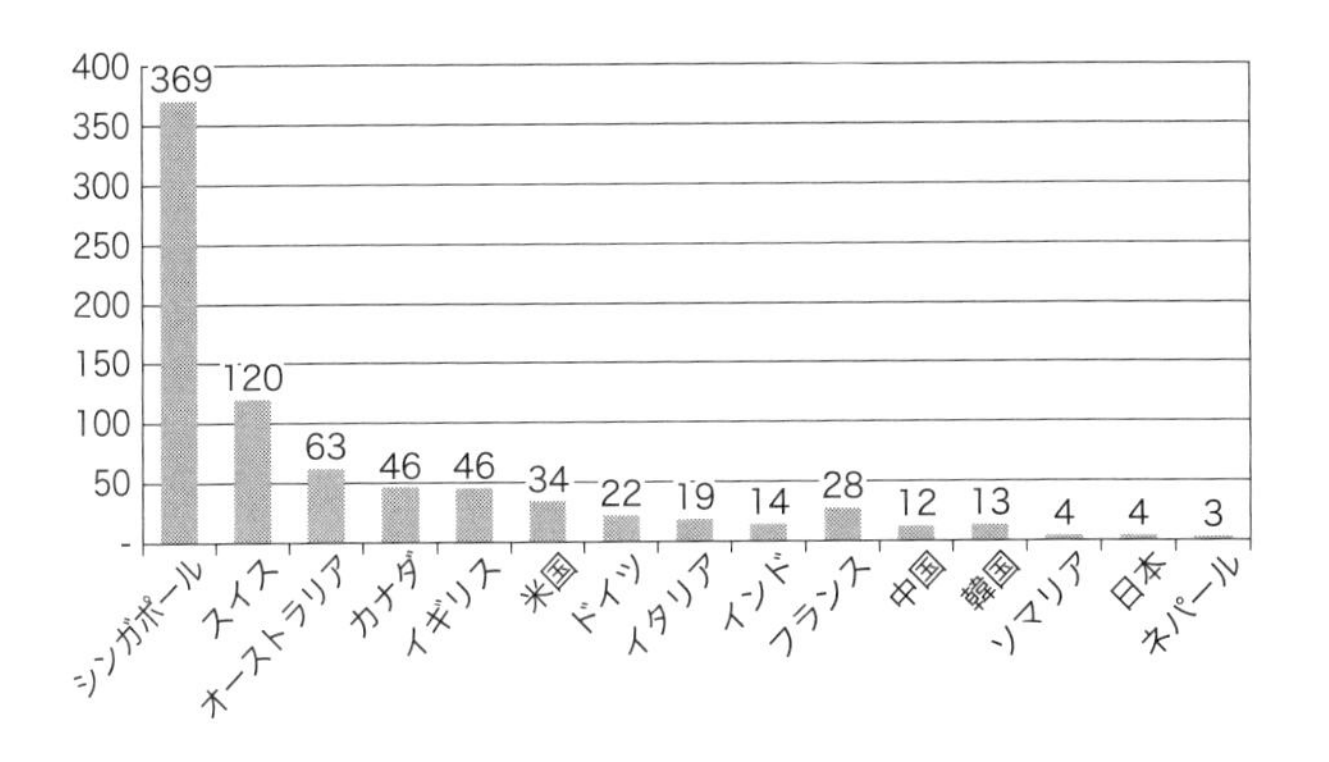

出典：UNCTAD レポート 2016 年に基づき筆者作成

IMFの定義では、普通株を10％以上保有していなければ直接投資とは見なされない。つまり「外資」は日本株を買っていても、多くは10％以下の保有で、日本への投資に本腰を入れていないともいえる。

これと比べて、日本から海外への直接投資はGDPの3割を超えている。それにしてもソマリア並み、という日本への直接投資は、乗っ取られることを懸念するより、ひょっとしたら魅力がなくてソッポを向かれているのではと心配すべき水準かもしれない。

グローバル・インデックスの日本株比率は1割以下

じつのところ、超多忙なグローバルマネジャーにとって、日本株は普段、さほど重要ではない。グローバルなアクティブマネジャーの場合、「アルファ」を図るための「ベンチマーク」、つまり比較対象となる指数には、世界の株式インデックスである「MSCIワールド」がよく使われる。でも、「MSCIワールド」の中で、日本株の比率は、残念ながら1割以下、9％にも満たないのだ。[14]

MSCIワールドにはアップル、マイクロソフト、アマゾンはじめ世界の1650の銘柄が組み込まれているが、日本株では保有比率上位にトヨタ、三菱ＵＦＪフィナンシャルグループ、ソフトバンクと並び、下位の方では神戸製鋼、三菱自動車など、合わせて120社ほどが含まれている。

グローバルマネジャーの投資戦略によって、「バリュー株投資」「成長株投資」などスタイルの違いがあり、その場合は、ベンチマークも「ＭＳＣＩワールドバリュー」や「ＭＳＣＩワールド成長株」など、組み込まれている株の内容が「ＭＳＣＩワールド」と少し異なるものが使われることもある。しかし、バリュー、グロース、いずれのグローバル指数でも日本株のウェイト自体に変わりはなく、組み込み比率はやはり1割に満たない。米国企業に投資をしない「インターナショナル」ファンド[15]では、ベンチマークは「米国を除くＭＳＣＩワールド」指数となり、このベンチマークでは日本株比率は少し増えるが、それでようやく2割程度である。

なお成長に勢いがある新興国市場株のベンチマークは、ＭＳＣＩワールドとはまた別に、

14　2017年9月29日現在ＭＳＣＩ開示に基づく日本株構成比は8・64％。
15　「インターナショナル」というのは、あくまで米国から見た時の「海外」という意味になる。

図 12　ＭＳＣＩワールド指数（MSCI World Index）

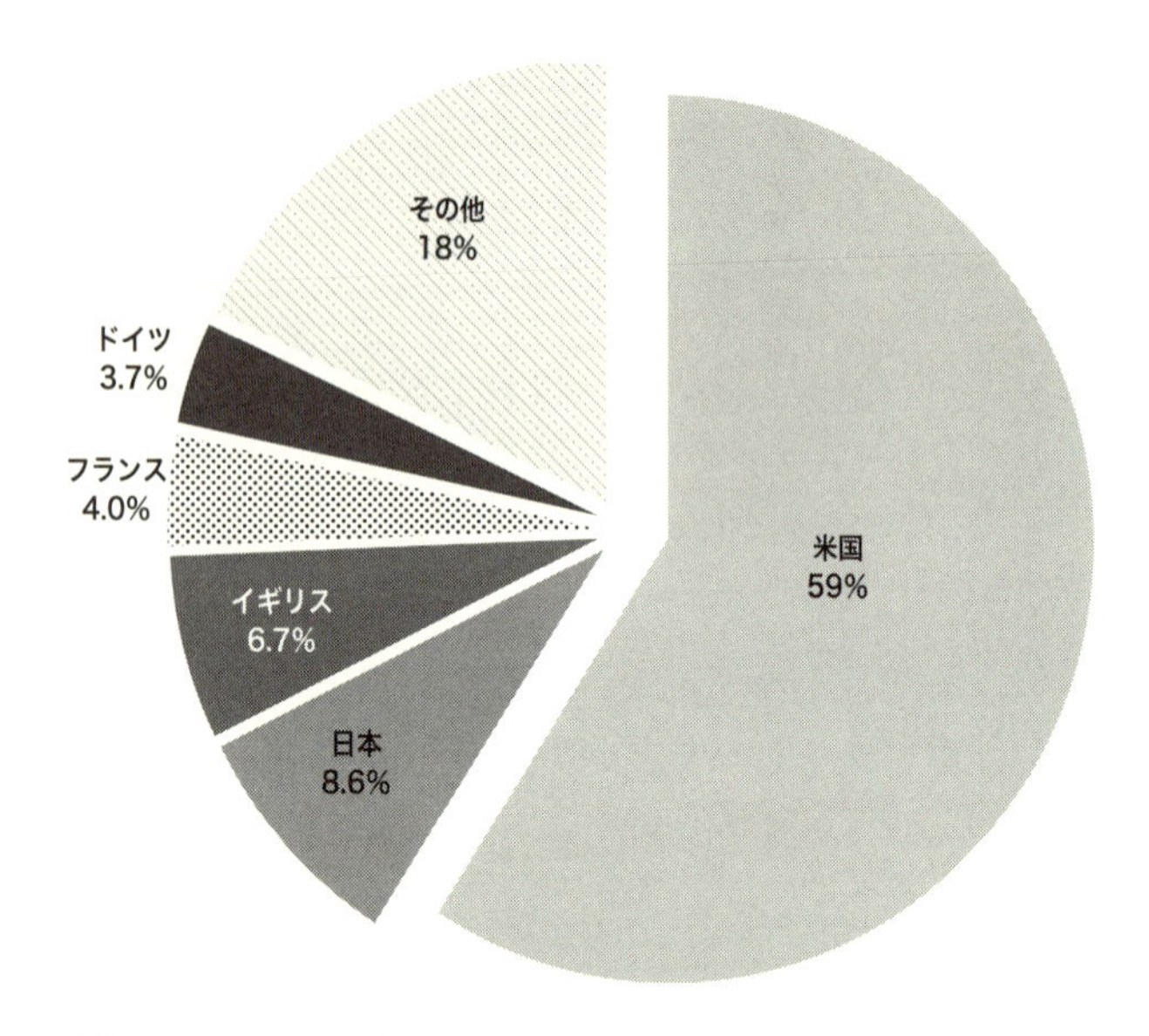

出典：MSCI ワールドインデックス（2017 年 9 月 29 日時点）組み込み比率に基づく

「ＭＳＣＩエマージング・マーケット・インデックス」という指数がある。エマージング・マーケットに投資するグローバルマネジャーはそちらのインデックスを日々見ているが、日本は新興国ではないので、当然この指数に日本株は入っていない。

したがって、残念ながら多くのグローバルファンドの運用者は、普段はあまり日本株に注意を払っていないのだ。

ただでさえグローバルファンドの運用者はとんでもなく忙しい。インデックスの1割にもならない日本株を見ている暇があったら、その半分以上を占める米国株や、その次に大きい欧州株を見たほうが効率的である。新興国株を見ているグローバルマネジャーにも、日本株を見るインセンティブがない。また何千億円とか1兆円を超える規模のグローバルファンドになると、一度の売買金額も大きいので、実際に投資できるのは、時価総額がある程度大きくて流動性が高い銘柄に限られる。日本株が２０００銘柄以上あっても、小型株などは最初から投資できない。日本株を保有する場合でも、グローバルポートフォリオに組み入れる全体の銘柄数が50から60社程度とすると、保有できる日本株はせいぜい5、6社というところだろう。銘柄数を増やそうとすると、０・１％とか小さなポジションを束ねて、「バスケット買い」することになるが、そうなると日本株のインデックスを買うのと、あまり変わらなくなる。

世界に投資するファンドマネジャーらのフレームワークはあくまでグローバル比較である。日本株についても、競争力があるか、フリーキャッシュフロー[16]を生み出す力はどうか、成長性の見通し、事業の資本効率、経営者の力量、株主還元策の有無、バリュエーションの魅力度、などが世界中の他の選択肢と横並びで比べられる。

グローバルマネジャーが最終的に日本株を買うかどうかは、その株を入れることが「アルファ」を生むかどうかの判断にかかってくる。他にもっと魅力的な選択肢があれば、わざわざ日本に投資する必要はない。

リスクヘッジにならない日本株

株式ファンドには通常何十もの銘柄が含まれているが、なぜだろう。これは、ポートフォリオ（複数の資産の組み合わせ）を組むことによってリスク分散をするためである。

ポートフォリオのメリットは、複数の銘柄を株式ファンドに組み込むことによって、同じ投資リターンを目標にするのであっても、一つの株だけを保有する場合に比べて、市場変動があった場合のリスクを下げられることにある。複数の株がファンドの中にあれば、市場が大きく動いてもすべての保有株が市場と同じように動くわけではない。特定の条件のもとで上がる株もあれば下がる株もあるので、それらが打ち消しあってリスクを分散させるのだ。

たとえば自動車関連株は為替感応度が強いので、トヨタ自動車1社の株だけを保有していて急激な円高が起きたら、株が下がって損失を被るリスクが高い。円相場が不安的なときにトヨタ株が全財産だったりしたら、資産が毎日激しく変動して心配で胃が痛くなるだろう。でもポートフォリオにニトリやABCマート、それに食品メーカーなど円高で恩恵を受ける輸入業者の株を併せて保有しておけば、これらの銘柄は円高で逆に買われる公算が強いので、トヨタの損をカバーしてくれる可能性が高い。その結果、ポートフォリオ全

16　企業が事業から生み出す営業キャッシュフローから設備投資や企業買収などに回されるキャッシュ、税金などを差し引いたもの。債権者、株主などの資金提供者に分配可能な資金のこと。

体の価格変動はトヨタ1社を保有する場合と比べてぐっと穏やかなものとなり、リスク分散によって夜安心して眠れるようになる。

しかし、では日本株を世界の銘柄を組み入れたグローバルファンドに追加したら、それはグローバル市場の下落リスクに対して良いヘッジになり、ソフィアさんが安心できるかというと、どうもこれはそうならない。

伝統的に日本株は景気敏感な「リスク資産」であり、世界景気が減速局面に入った「リスク・オフ」マーケットではグローバルファンドの足を引っ張って、運用成績を悪くしてしまいかねないのだ。こうした局面では、ソフィアさんのグローバルファンドも真っ先に日本株を売ってしまうだろう。投資家であれば誰しもリーマンショックのような混乱した市場の局面でポートフォリオのリスク分散機能がはたらいてショックを和らげてくれることを期待するが、実際にはそういうときに限って世界中の株式や資産の相関性が強まって、リスク分散機能がはたらかなくなる。

なかでも日本株は、下落相場ではとくに敏感に世界市場と下方に連動してしまう「ハイ・ベータ」資産なのだ。日本株で「アルファ」を稼ごうとするグローバル投資家は為替ヘッジをすることも多いが、先述のとおりリーマンショックのときには日本株は円建てで米国株以上に下落したから、わざわざヘッジまでして日本株を買ったグローバルマネジャーの戦略は裏目に出てしまったことになる。

それでも日本株は、グローバルマネジャーにとって、曲者だ。しばらくアンダーパフォームしているからといって放置しておくと、ある時突如として化けて、力強くアウトパフォームすることがある。こういう時に日本株をオーバーウェイト（ベンチマークよりも多く保有すること）しているマネジャーは大きな「アルファ」を稼ぐ。一方、持つべき時に日本株を持っていないマネジャーはベンチマークに「負け」て「アルファ」はマイナスとなり、痛い目にあうのだ。

とくに日本株は、世界が不景気だったりデフレになる局面ではからきし弱いが、世界景気が良くなりマイルドなインフレとなる局面では、俄然パフォーマンスが強くなる特性を持つ。図13は、米国の金利の動向と日本株の米株に対する相対パフォーマンスを比べたものだ。

まず、二つのチャートの形が似ていることにお気づきであろう。下のグラフが金利のトレンドで、グローバルな金利動向の代表的なものとして米国金利を使っている。この、下側のグラフの線が上向くのは、金利が上昇トレンドにあって短期金利と長期金利の差が開く（イールドカーブがスティープ化するという）とき、つまり先行き経済成長が加速してインフレになりそうだと見られるときである。一方、上側のグラフはＴＯＰＩＸ指数とＳ＆Ｐ５００の株価パフォーマンスを比べたもので、こちらのグラフが上昇するのは、日本株が米国株に比べてパフォーマンスが良いときである。

この二つのグラフが似ている、ということは、グローバル金利と日本株のアウトパフォーマンスに強い関連がある（相関性が高い）ということになる。過去のトレンドからは、日本株は金利敏感で、世界の景気が良くなって金利がマイルドに上昇する局面では、米国に代表されるグローバル市場にアウトパフォームしやすいといえるのだ。

こう説明すると、でも、これって為替効果だけじゃないの、という質問が来るかもしれない。グローバルマネーはより高いリターンを求めて、実質金利（インフレを差し引いた正味の金利）のより低い国からより高い国に流れる。

図 13　米国金利スプレッドと日本株の相対パフォーマンス

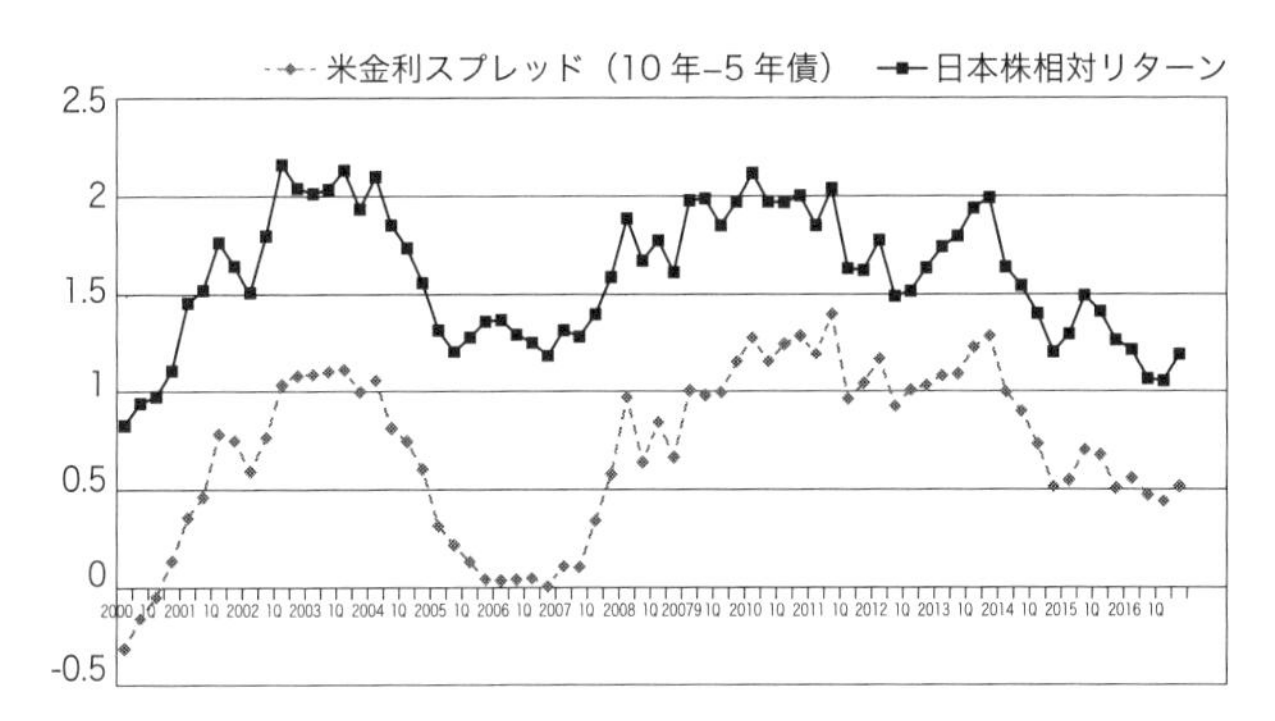

出典：Bloomberg データより筆者が作成
＊米国国債 10 年物と 5 年物の金利スプレッドと TOPIX の S&P500 指数に対する相対パフォーマンスを比べたもの。

日本がインフレになれば、その分日本の実質金利は下がり、米国との実質金利の差がこれまでより開くから、為替はドル高、円安に動く。だから金利というより円安で株が上がるだけではないのかという疑問である。

でも、1998年8月から2000年始めにかけては1ドル147円から101円までの大幅な「円高」進行にもかかわらずTOPIX指数が10%近くS&P500やMSCIワールド指数を上回った。[17] また2002年の始めから2004年の終わりにかけても134円から102円に円高が進行したのにTOPIX指数が円建てでS&Pを5%ほどアウトパフォームしているので、為替よりも金利のほうの感応度が高いように見える。

ざっくりいえば、過去の経験則からは、世界景気が良くてマイルドなインフレが進むときは日本株は買いで、世界景気が冷え込んでデフレになるなら手を出さないほうが良い、ということになる。つまりグローバル投資家から見ると、日本株は典型的な「リスク資産」[18]である。このことは、世界最大の対外純資産を背景に、円が「安全資産」と見なされて、世界経済が不透明なときに買われるのと、ちょうど反対となっている。デフレだと企業業績は縮小してしまうが、通貨はデフレの時には価値がむしろ上がることも、その違いにつながっている。

日本株「負け続け」の6年間

「アベノミクス」以前に、眠っていた日本株が突如豹変し、グローバルマネジャーらの目の前で力強いパフォーマンスを上げたのは、2005年、小泉政権時代に起きた日本株ラリーだった。このときの日本株買いの始まりは鮮烈だったので今でも覚えているが、小泉政権による8月8日の「郵政解散」から確実にマーケットの潮目が変わった。背景には6月末頃から長期金利が反転してデフレ脱却への期待が高まったことや為替が円安に振れたこと、また堅調なファンダメンタルズに比べて日本企業の株価が割安に放置されていたことがあるが、日本の「構造改革」が大きな投資テーマとなったことも見逃せない。

17　円建てのパフォーマンス。為替ヘッジなしで日本株にドルで投資をした場合は6割近いアウトパフォームとなった。

18　投資リターンの期待がある一方で元本割れのリスクなど不確実性が大きい資産のこと。相対的に元本割れなどのリスクが少なく、リターン上昇が期待できる好景気の市場で好まれる。

ここからの市場の動きは凄まじかった。2005年の年末まで半年もしない間に銀行株が6割以上、証券株が8割以上、不動産株が9割近く急上昇し、それまでパッとしなかった日本株が夏以降の上昇によって大きく世界市場を追い抜いた。2005年通年ではTOPIX指数が円建てで43・5%伸長したのに対して、S&P500は3%、MSCIワールドは7・56%しか動かなかった。為替ヘッジしたベースで米国株を40%上回るという強烈なパフォーマンスだったから、日本株をオーバーウェイトしたグローバルファンドマネジャーの「アルファ」は、それだけであがっただろう。でも多くのファンドマネジャーは、ベンチマーク1割以下の日本株に注意を払っておらず、彼らは勢いよく発進したバスに乗り遅れて、パフォーマンスを落とした。こうした乗り遅れ組のグローバルマネジャーらは、2006年になってからようやく日本株を「見直して」入ってくる。

ところが、その後が続かなかった。日本株は円建て（グローバルマネジャーにとっては為替ヘッジをしたベース）で2006年、2007年、2008年、2009年、2010年、2011年と、見事に立て続けに6年間、米株から大きく引き離された。MSCIワールドと比べても、似たような出遅れ方である。ドル建てで見ても、リーマンショック

図14　ＴＯＰＩＸ相対パフォーマンス

年	TOPIX円建て 対S&P500	TOPIX円建て 対MSCIワールド	TOPIXドル建て 対S&P500	TOPIXドル建て 対MSCIワールド
2001	-6.6%	-1.8%	-16.85%	-12.06%
2002	5.1%	2.8%	13.88%	11.57%
2003	-2.6%	-7.1%	10.60%	6.17%
2004	1.2%	-2.3%	5.43%	1.94%
2005	40.5%	35.9%	22.35%	17.79%
2006	-11.7%	-16.1%	-12.67%	-17.00%
2007	-16.5%	-19.7%	-11.57%	-14.83%
2008	-3.4%	0.6%	12.05%	15.06%
2009	-19.4%	-21.9%	-21.43%	-24.00%
2010	-13.8%	-10.2%	-0.88%	2.66%
2011	-18.9%	-11.3%	-13.93%	-6.31%
2012	6.5%	5.8%	-5.98%	-6.66%
2013	21.9%	26.6%	-4.80%	-0.10%
2014	-3.3%	5.2%	-16.32%	-7.85%
2015	10.7%	12.7%	9.61%	11.62%
2016	-11.4%	-7.2%	-8.05%	-3.83%

出典：Bloombergより筆者が作成。TOPIXの各年の株価指数リターンをS&P500およびMSCIワールド（いずれもドル建て）との差で表示。

の2008年は急速な円高が進んだからヘッジをしていないマネジャーにとっては日本は悪くなかったが、残りの年は完全に置いていかれた。

とくにリーマンショック収束後の2009年から2011年にかけて、米国やグローバル市場の株価が急ピッチに回復する中で、日本株のパフォーマンスだけが大きく出遅れてしまったのである。これは日本株をオーバーウェイトしたグローバルマネジャーの「アルファ」が、その分マイナスになってしまったことを意味する。もちろん「アルファ」に連動するボーナスもその分、減ったわけだ。日本に投資したグローバルマネジャーたちからは、深い深いため息が聞かれた。

2006年から2012年頃まではグローバルな運用会社の中で日本株を専門にしている運用者にとっては社内の風も冷たくて実に寂しい時代だった。社内でランチタイムにピザまで用意して日本株に関心を持ってもらうためのプレゼンテーションをやっても聴衆が集まらず、気がついたら会議室に残っていたのは身内の日本株チームの関係者だけということもあった。あとでデリバリーボックスの中で余ってしまった冷たいピザを食べた記憶がある。

「成長なき日本」という評価

　これだけ毎年日本株だけが世界の中でアンダーパフォームすると、しびれを切らしたグローバルマネジャーから「日本がダメな理由」がいくつも出てくる。いわく、日本株のパフォーマンスが不振なのは日本に構造的問題があるからで、問題が構造的である以上、いつまでたってもダメだ、投資できない、というのが多くの声だった。グローバルマネジャーらが日本に投資できない理由とする「構造問題」の中でも、真っ先に問題とされるのが、「成長がない」ということである。

　とくに問題とされるのは人口減少だ。2005年から2007年頃の世界の株式市場は中国や新興国のブーム真っ盛りだったから、成長盛んな近隣のアジア諸国とよく比べられた。損益計算書の最初の項目として上にくるので売上のことを「トップライン」と呼ぶが、人口が急増している国では商品がさして優れていなくても、企業の経営者が特段秀でていなくても、トップラインは当たり前のように二桁成長する。そうした新興国企業と比べられたら、成熟した日本の企業はどうしたって伸び悩んで見えてしまう。多くのグローバル投資家は人口減少＝労働力減少＝GDP減少＝企業の売上・利益減少という等式で、日本株は買えないと主張した。

私は「人口が減るから日本株には投資できない」という議論は的を射ているようで正しくないと考える。そもそもこれは株価を無視した議論である。どんなに急成長している新興市場でも株価がその成長を全部先に織り込んでしまっていたら、株価のアップサイドはない。また人口減少＝GDP減少という理屈は、労働市場への参加率や労働生産性を無視している。人口が減ってもシニアや女性の参加で労働力人口の減少が抑えられる可能性もあるし、一人当たりの労働生産性が伸びればGDPは低下しない。それに、日本のマクロ経済と個別の日本企業は必ずしも一体ではない。とくに力のある企業ほど日本のマクロの不利を跳ね返す抵抗力を備えている。日本の人口が数パーセント減ったからといってトヨタが潰れるとは考えにくいではないか。

とはいえ、次のようなデータを突きつけられると、日本株擁護論はちょっと劣勢に立た

図15　米国の名目ＧＤＰと株価の推移（1995～2016年）

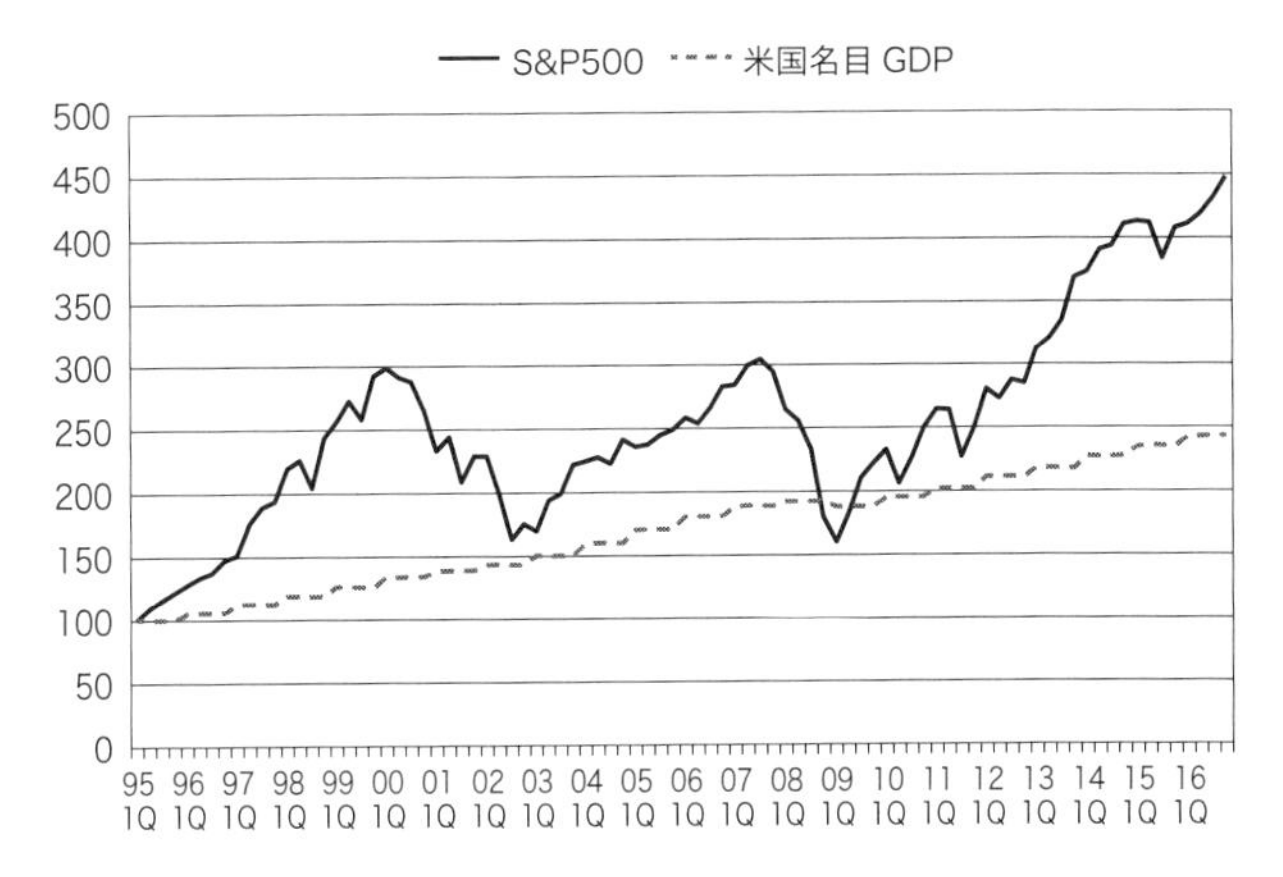

出典：World Bank と Bloomberg データをもとに筆者が作成
＊ 1995年3月末を100とする指数

図16　日本の上場企業の経常利益と株価の推移

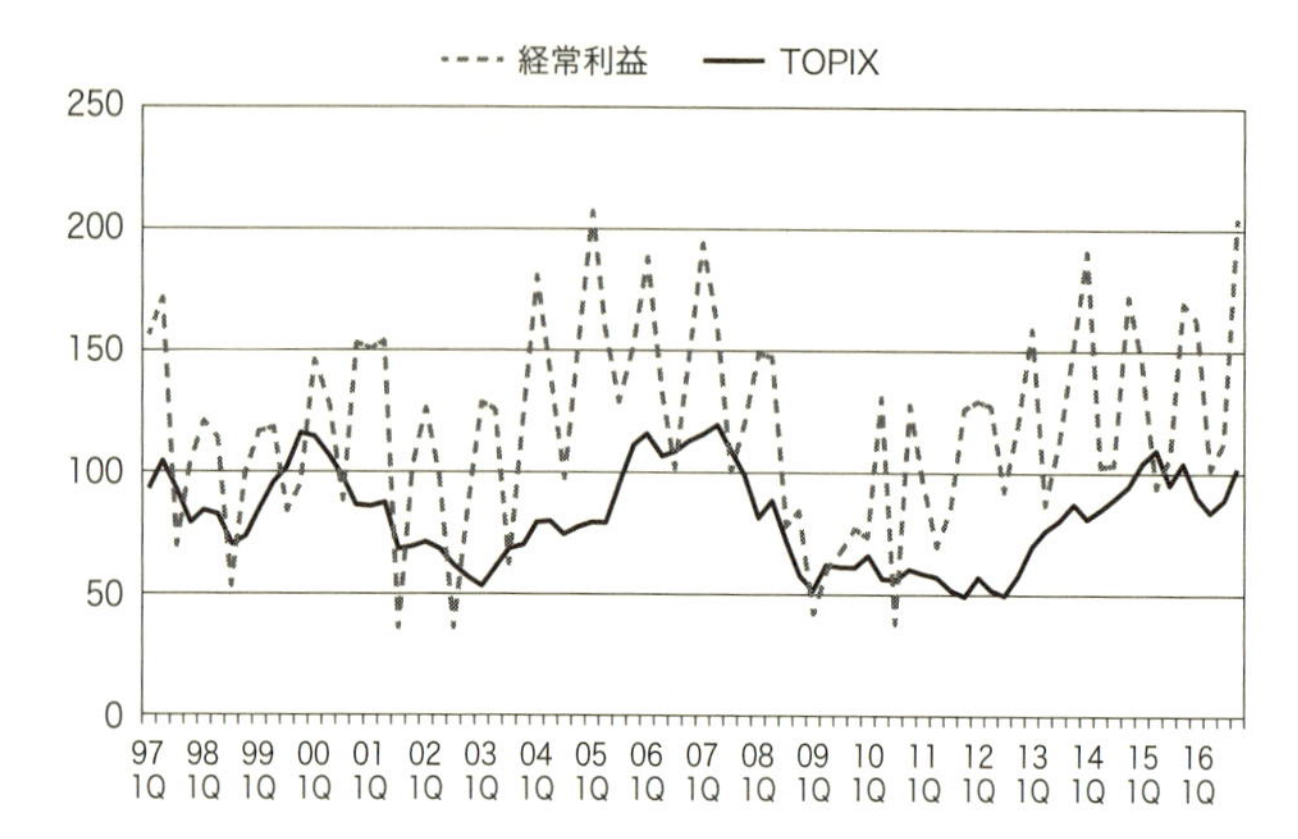

出典：財務省法人企業統計と Bloomberg データをもとに筆者が作成
＊ 1995年3月末を100とする指数

される。過去20年以上の名目ＧＤＰ成長と株価推移を日米で比較すると、図15の通り、米国のＧＤＰは１９９５年を１００とした場合、倍近くに力強く伸びている。したがって株価が右上がりなことの説明がつきやすい。ところが同じように日本のチャートを作ると、ＧＤＰも株価もジグザグ走行を繰り返した挙句、20年経ったら元のところに戻っていたという図になってしまうのだ。株価の基本となる利益のトレンドを比べても図16のとおりで、日本の上場企業全体の経常利益はシクリカルにジグザグ動くが平均値は変わらず、右肩上がりのトレンドラインがつかみにくい。

悲しいが、これではなかなか日本株を丸ごとインデックス買いして長期保有すれば大丈夫です、とか、どんな株でも日本株さえ買っておけば「アルファ」が上がりますよ、とグローバルマネジャーには勧めにくい。

それでも日本株、という理由

しかし、私だったら、それでも日本株投資を考えているソフィアさんにあえて言いたい。たとえ長期ＧＤＰがフラットだとしても、日本に投資の機会がないわけではない、と。

個別企業の選別投資の機会は、日本にはまだまだ豊富にある。図17は、過去10年間で経常利益のもっとも伸びた50社を取り出してその利益のトレンドと株価のパフォーマンスを日本市場全体と比べてみたものである。日本企業全体の利益と株価の伸びが10年間どちらもほぼ横ばいなのに比べて、利益成長トップ50社は平均して10年間で利益を3倍以上伸ばして、株価も2倍以上になっている。成長している企業はちゃんと市場から評価され、株価も進捗しているのである。こういう日本株をファンドに入れていれば、ソフィアさんのファンドのパフォーマンスも、ソフィアさんの「アルファ」も上がるはずだ。

GPIFをはじめ日本の大手投資機関による日本株投資は、インデックス投資のバイ・アンド・ホールド長期保有が中心なので、日本経済そのものに投資しているといえる。こうした日本株を丸ごと買う手法では、日本経済そのもののトレンドから乖離するのは難しく、日本経済が過去のパターンから脱皮できなければ、投資の長期的リターンがフラットになってしまうかもしれない。

しかし個別企業の成長は必ずしも日本のマクロ経済に直接リンクするものではない。日

図17　利益成長トップ50社の株価パフォーマンスと市場比較

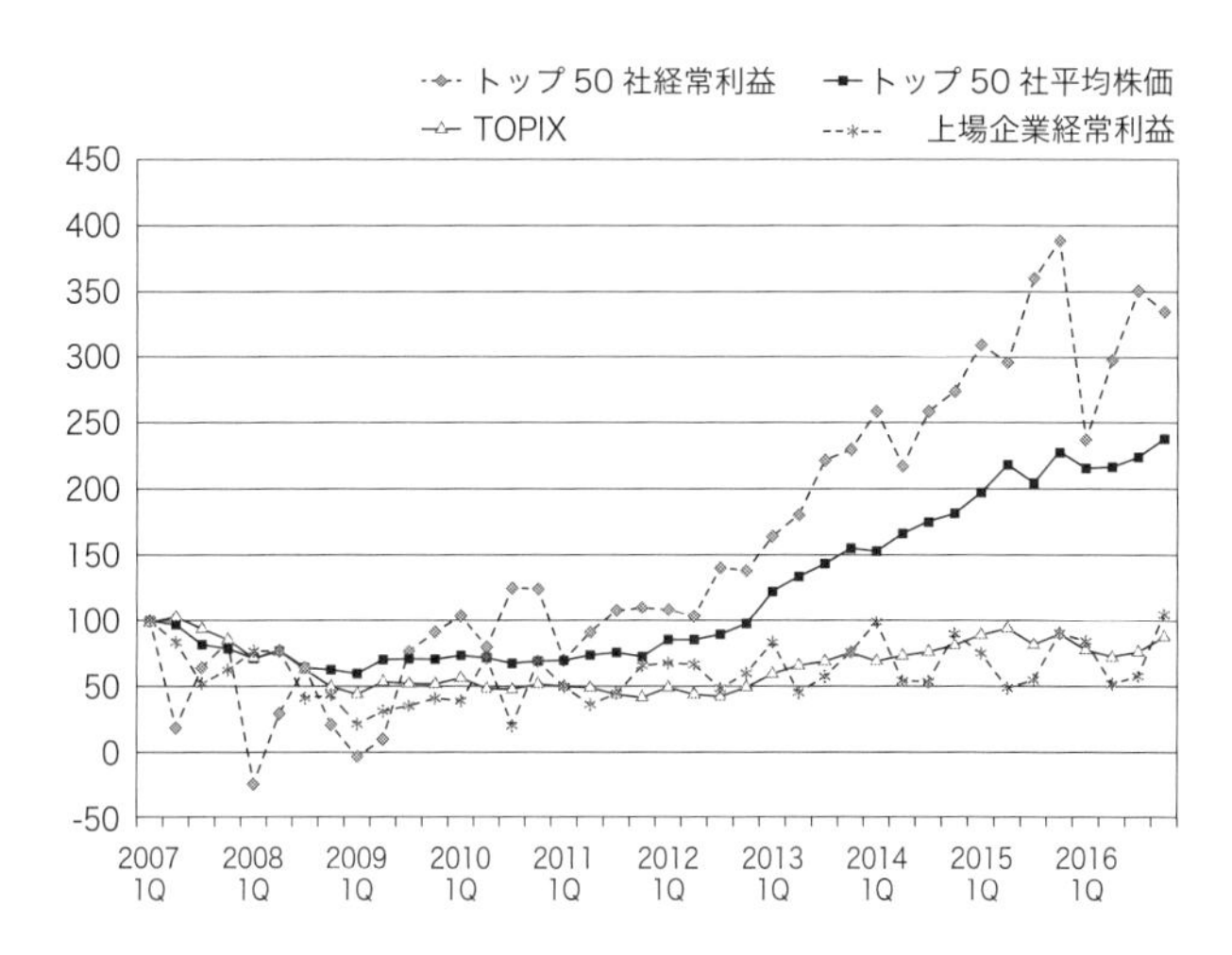

出典：Bloomberg データをもとに筆者が作成
＊ 2007年3月末を100とした指数

本のマクロの逆風にもかかわらず経営の力によって長期的に強い成長を遂げる企業を見つけるのが、アクティブファンドのマネジャーたちの仕事である。また長期的には株価が同じところに戻ってしまうフラットな市場だとしても、株価には常にアップ・ダウンがある。ファンダメンタルズを見ている投資家は、株価が企業の実力を過小評価しているときに買い、過大評価しているときに売る。企業の実体と株価の乖離をつぶさに追っていれば、投資機会を見つけることは可能なはずである。

第7章
ウォール街から見る日本の「国際競争力」
——評価を左右する企業の「コミュニケーション能力」

２０１１年3月11日、私はとある証券会社主催の投資家向けカンファレンスに出席するため、米国から出張して会場となった都内のホテルにいた。

投資業界では春や秋の気候の良いときに、内外の大手証券会社が競い合うように都内のホテルを何フロアも借り切って大規模な投資家向け会議を開催する。大きなものでは２０0社近い企業が参加し、世界中から何百人というファンドマネジャーやアナリストが集まってくる。著名なゲストスピーカーによる講演なども催され、一斉に配られる幕の内弁当とともにランチタイムの人気イベントとなる。


こうしたカンファレンスに参加する運用担当者のお目当ては、企業経営者らとの直接面談である。とくにちょっとでも時間の惜しいファンドマネジャーにとっては、一か所で数社の企業トップらとのミーティングをこなせるのは、移動時間が節約できて、効率的だ。

この日も大勢の運用担当者や企業関係者に通訳、それに証券会社の関係者や案内係のアルバイトさんなどで会場はごった返していた。企業経営者と投資家との個別の面談にはいくつものフロアにまたがる客室が使われ、何十件ものミーティングが同時進行で行われる。

会場のホテルは36階建てでまだ新しかったが、エレベーターホールは狭く、移動時間になると小さなエレベーターに乗りきれない人々が各階に溢れていた。

２時46分、私のいたホテルの一室ではちょうど、自動車用半導体を作るルネサス・テクノロジー社のＩＲ担当者とのミーティングが始まったところだった。雑談を済ませてさあ本題に入ろうと思ったところで、床全体がいきなり持ち上がったような大きな揺れが来て、会話が止まった。よくある地震ですぐ収まるだろうと思ったら、１分たっても大きな横揺れは止まらず、普通の地震ではないことを理解する。ルネサスのＩＲ担当者はしっかりした感じの男性で、「こういうときはドアが歪んで後で閉じ込められる恐れがあるので、ドアを開けておきましょう」「揺れが収まるまで机の下に入っていましょう」など、てきぱきとリーダーシップを発揮してくださった。その後すぐ警備員が各部屋を巡回してきて、ホテルの建物にいた全員が階段で外に避難するよう誘導された。カンファレンスはそのまま散会となった。

ホテルの玄関先にはこの投資家向けカンファレンスに参加していた大勢の外国人運用者

たちが、呆然とした表情で集まっていた。なかには日本に来たのも初めてなら、人生で初めて体験した地震が、この東日本大震災という外国人もいた。立派なナリをした大人でも、言葉の通じない国に初めて訪れるのは内心結構心細いものだ。そこに突然、マグニチュード9、東京での震度5強という大地震。よほど怖かったらしい。上層階のフロアに上着も鞄も置きっぱなしにして、階段の手すりをつたうようにして大慌てで逃げてきたという。

ホテルの庭には梅の花が咲いていていたがまだ外の空気は冷たく、その人はワイシャツ姿で青ざめた顔をしていた。でも周りの日本人らはとても落ち着いていて、談笑までしている。それを見てとても驚くとともに、安心したという。

東日本大震災と日本株

大きな自然災害などの有事が発生したときでも、他人のマネーを預かるプロには冷静に次の投資の一手を考えることが期待される。

市場にこうした突発的な危機が舞い込んだとき、ファンドマネジャーの間では反応が分かれる。市場が不透明なときには、極力リスクがありそうな資産には手を出さない、と身を引く慎重派もいれば、むしろ不透明な市場こそ企業の実力以下に株が叩き売りされているので投資機会が大きいと、身を前に乗り出す積極派もいる。リスクや期待リターン、「アルファ」をどうやって創造するかという投資哲学に加えて、個人の性格の違いが出る場面でもある。

地震の第一報に続いた福島の原発事故のニュースで、日本株は３日間で22％下落した。多くのグローバル投資家はリスクを回避して日本株を手じまいしていたことになる。しかし、じつはこのとき、長期投資を行うファンドマネジャーの中には、日本株の調整は行き過ぎで買いの好機ではないか、と関心を抱く者も多かったのだ。

東北６県が日本のＧＤＰに占める割合は６％程度。であれば、いくら壊滅的な震災であっても、日本経済全体に与える悪影響が６％以上になるとは考えにくい。にもかかわらず株はすでに２割以上下落している。実際のダメージ以上に株が下落していると見られるから、これは日本株を買うチャンスではないか、というのが彼らの考えであった。

しかしその後、電力不足による広範な産業への懸念が浮上したことに加えて、急激に進行した円高が、彼らのリバウンド狙いの日本買い意欲を一気にかき消してしまった。

円は地震発生直後こそ円安に揺れたものの、すぐ円高方向に転じた。地震で国力が弱まっているときにその国の通貨が強くなるというのは分かりづらいが、１９９５年の阪神・淡路大震災でも同様な現象が起きている。震災の後では、損害保険会社が保険金を支払ったり、倒壊したビルを立て直したりする復興需要で、日本国内で多くのキャッシュが必要となる。その結果、外貨を売って円を買う動きが強まり、海外から日本に円が還流する「リパトリエーション」が起きる、という思惑が高まったのだ。

円は２０１１年の10月には、１ドル75円をつける。リーマンショック前の１ドル１１０円と比べると、３割も円高になったことになる。

「国際競争力」とは何だろう

知人のファンドマネジャーの仮名メアリーさん（メアリーは米国人女性で最も多いファーストネーム）はこのとき、為替が動いても勝てるのが競争力のある企業だ、と主張した。

メアリーさんは、日本を含むアジアに投資をするポートフォリオマネジャーで、大きな目がぱっと華やかな印象の女性だ。性格はちょっと勝気で、物事の好き嫌いは、はっきりしている。いつも7センチくらいはありそうなハイヒールを履いていて、アジアに出張するときでもフラットシューズに履き替えるような妥協はしない。そのヒールの靴音をカツカツと響かせながら、とある企業の男性用トイレに間違って入りそうになってしまったり、好物の「オンセンタマゴ」と勘違いして生卵をタクシーの中で割ってしまったりと数々の逸話を残しつつ、現地での企業取材を怠らない。

妥協しないのは靴だけではない。投資では企業の長期競争力にとことんこだわる。ユニークな技術や知的財産など、企業の競争力の源泉を見極めることが「アルファ」につながるという投資に対する信念があるからだ。残念ながら、このメアリーさんにとって多くの日本の伝統的輸出企業は「負け組」だ。「勝ち組」はアジアの振興企業群。メアリーさんに言わせると、日本企業はアジアの競合企業が真似をして乗り越えられない技術はあまり持っていない、ということになる。

確かにテクノロジーや機械産業などでのアジアの競合の台頭は日本企業にとって深刻な脅威だ。スマホを分解して蓋の中の部品を過去モデルと比べると、モデルが新しくなるごとにどんどん日本製の部品が減って韓国や台湾や中国製に置きかわっていくのが分かる。

しかし、東日本大震災後の為替の変動を見たら、日本の輸出企業の国際競争力は為替次第だと言いたくもなる。多くの日本の輸出企業にとって2011年3月の東日本大震災後の円高はあまりにも急だった。1ドル110円と75円では、まるで競争環境が違う。

日本で7700円で製造して海外で100ドルで売っていた商品があるとしよう。1ドル110円の為替なら実質70ドルで製品が作れたことになり、100ドルの製品価格から30ドルの利益があがって、3割という高水準の利益率を享受できる。でも為替が1ドル75円になると、ドル建てのコストは一気に102ドルと売値以上に跳ね上がり、利益など吹っ飛んで赤字となってしまう（日本円では1万1千円の売上が7500円に低下）。

ドル建てで海外で売っている製品価格と日本円で発生する費用はどちらも急には変えられないから、為替が動いただけでコストが実態として3割ほど上がってしまう、つまりコスト競争力は一気に低下してしまうのだ。これで為替が動く前と同じように競争しろ、というのはあまりにも酷だろう。

しかも2011年は、ドルに対する円高が3割程度進んだのに対して韓国ウォンはドルに対してウォン安に動いたため、円とウォンでは6割近いウォン安になった。コストが実質3割上がったときに、コストが実質3割下がった相手と競争させられるのではたまらない。液晶テレビメーカーでもプラントメーカーでも造船でも半導体でも、韓国メーカーと競合する日本メーカーはおしなべて大苦戦を強いられた。

投資家の理屈というのは、往々にして市場が動いてから後でついてくるものだと思う。日本の輸出企業に国際競争力が欠落している、と批判するグローバルマネジャーらの声は、円高で日本企業の業績が急速に悪化してから、確実に高まった。

1ドル70円台でも「妥当」な為替相場？

大手の投資運用会社には、株式や債券のファンドマネジャーだけではなく、通貨を含めたマクロ経済の専門家たちがいる。多くは博士号を持つ頭脳集団であり、彼らによく考えずに曖昧な発言や質問などしたら、理論で固めた回答がその正しさを証明する複数の統計データのチャート付きで打ち返されてきて、やんわりとこちらの思考能力不足を指摘される。

東日本大震災後の1ドル70円台という円高は異常値にしか見えなかったが、このとき彼ら博士の一人は、これは異常値などではなく、データからきちんと説明できる「妥当値」だと強調していた。

為替の世界には「ドル・円レート」など通常の2通貨間の為替レート以外に、「実質実行為替レート」という指標がある。日本は米国とだけ取引しているわけではなく、欧州やアジアなど、幅広い世界と取引をしているから、日本の対外貿易にはドルのほかにも、ユーロやウォンなどさまざまな通貨が使われている。たとえばドルとユーロと半々の取引をしている日本企業があったとして、ドルが1割、ユーロが2割の円高になれば、全体では加重平均して15%の円高影響を受けたことになる。

「実質実行為替レート」はこのように複数の通貨による貿易取引量を考慮して、それぞれの国のインフレ率の違いに基づいて算定されるものであり、その通貨のグローバルな競争力を測る指標ともいえる。

ドル・円相場が変わっていないときでも、アジア通貨がドルに対して人為的に安く誘導されたり、世界でインフレが進行しているのに日本だけがデフレだと、円の「実力値」としての「実質実効為替レート」は円高になってしまう。[19]

為替を見ている専門家らは、日本のデフレや新興国の台頭などを背景に円の競争力が下がり、この「実質実効為替レート」に基づけば、１ドル70円台でも妥当水準となる構造変化が起きていると主張したのだ。

実際には「実質実効為替レート」も一定ではなく、そのときのマクロデータによって刻々変化する。[20] だが、市場が悲観的になっているときには、悲観的な意見のほうが投資運用者の耳に入りやすいものだ。それが経済博士号などの肩書きを持つ専門家たちの意見なら、なおさらである。この頃には日本株のほうは、東証指数そのものが簿価割れとなるなど世界に比べて極端に割安になっていたのだが、さらなる円高リスクを警戒したファンドマネジャーらは日本買いを手控えた。

19　インフレが進行する国では、通貨の購買力は下がって通貨価値は低下する。デフレはこの反対。

20　ちなみに２０１７年８月末現在では為替が１１０円で、日銀が公表する２０１０年を１００とした実質実行レートは７５・９となっている。経済情勢の実態に対して為替が24％程度「円安」に傾きすぎているという意味で、これを是正すると１ドル86円くらいが妥当な円相場だということになる。

エルピーダの倒産

そうしたなかで、一つの日本の公開企業が株式市場から撤退し、海外勢に身売りをした。日立とNEC、三菱電気のDRAM（ダイナミック・ランダム・アクセス・メモリー、半導体メモリーの一種）事業を統合してできたエルピーダメモリーである。

エルピーダは2004年に株式を公開してから、2009年、2010年、2011年と立て続けに増資をやった。

企業が増資をすると、市場に出回っている「発行済み」の株数が増えるので、分母の株数が増えた分だけ一株当たりの価値が下がる「希薄化」が起きる。すでに株を持っている株主にとっては保有株の価値が下がってしまうことになるので、ネガティブである。エルピーダの場合はそれを3回繰り返し、3回株主を怒らせた。さすがに3回目の公募ともなると、新たに株を買ったのはショートタームの値動きで鞘取りをしようというヘッジファンドなどが圧倒的に多かったようだ。

エルピーダの坂本幸雄社長が3回目の公募ロードショーで渡米したときには、先ほどのメアリーさんが怒って「ミスター・サカモトは嘘つき（ライアー）だ。こんな株は、絶対に買ってはいけない」と怒りを露わにしていた。英語で「嘘つき（ライアー）」という表現は意図的に人を騙すことを非難する重い言葉であるからその剣幕には驚いたが、株主価値の棄損につながる経営判断に対して、投資運用者はことさら手厳しいものである。

日の丸DRAM企業の再建という厳しい役回りを任された坂本社長は、提携先を模索したり、ライバルのサムスン電子に先行してシェアを上げるために技術買収をしたり、その一方で怒れる投資家をなだめたりと、救済策を探って文字どおり世界を駆け回っていた。技術自体はエルピーダがサムスン電子の数歩先を行っていたし、日体大野球部出身のスポーツマンでフットワーク抜群な坂本氏でなければ、エルピーダはもっと早く行き詰まっていたのではないだろうか。しかし、いかんせん事業環境は過酷だった。半導体事業の本格投資には数千億円という巨大な資金が必要になるが、片や商品としての半導体はすでにコモディティ化していて、売上は「スポット価格」と呼ばれる半導体の市場価格次第で常に不安定だ。

半導体の「スポット価格」がどれくらい不安定かというと、セル・サイドの半導体専門のベテランアナリストが坂本社長と半年先のDRAM価格を当てっこをする競争をやっていたが、どちらも結構外れる。プロ中のプロでも見通しが利かない世界なのである。

売上が変動するのに、コストの方は巨額設備投資の減価償却があるために、常に大きな固定費が発生する。「レバレッジが利いた」と呼ばれるこうした利益構造は、売上が増えるときにはコストはさほど増えないから利益がバーンと増えるが、そのかわりに、売り上げが減るときにもコストは減らないので利益が激減することになってしまう。前年に数百億円の利益が出ていたのに、翌年ちょっとスポット価格が崩れると、いきなり1千億円を超える巨額赤字が発生する事態にもなる。そこに1ドル70円台という強烈な円高が輪をかけた。

2012年2月、エルピーダは会社更生法を申請。坂本社長を「狼少年」呼ばわりしたメアリーさんが正しくてエルピーダ株を買わない投資判断が正解だったという結果になってしまった。

80年代の終わりにソニーの盛田昭夫会長と石原慎太郎衆議院議員（いずれも当時）が、

共著『「ＮＯ」と言える日本（ジャパン・アズ・ナンバー・ワン）』で、日本の半導体チップがなければアメリカのミサイルも飛ばないと豪語して話題になったが、それから四半世紀以上たった今の日本の半導体・テクノロジー業界には往時の影はない。

エルピーダメモリーは米マイクロンの傘下に入り、過去の液晶パネルの大型投資がたたったシャープも２０１６年に鴻海精密工業（ホンハイ）の子会社となった。今度は会計不正事件に揺れる東芝のフラッシュメモリ半導体事業の海外メーカーへの身売り話が持ち上がり、紆余曲折の末、米ファンドのベイン・キャピタルや韓国のＳＫハイニックスが参加する日米韓連合への売却契約が結ばれた[21]。近年は日本のテクノロジー企業のミーティングに、日本人のアナリストに代わって、若いアジア人のアナリストの姿が目立つようになった。アジア企業が台頭して公開企業の数もどんどん増える一方で、投資家が注目する日本企業の数が減ってしまったので、グローバルヘッジファンドなどでは、香港やシンガポールをベースにする若いアジア人のアナリストが、中国や台湾や韓国の銘柄をカバーするついでに日本企業を見ているというケースも増えている。

21　東芝とＨＯＹＡの日本勢で議決権の過半を維持。

震災で浮き彫りになった日本企業の強さ

さて、大地震の発生直後、会場ホテルの玄関前に避難した我々に断片的な情報が入ってくる。私と一緒に業務用階段を下りたルネサス・テクノロジーのＩＲ担当者は、震源地が東北地方だと聞くと、直ちに顔を曇らせた。「東北だと、うちの工場もやられているかもしれません」

そのときには彼の元にはまだ情報が届いていなかったが、残念ながらこの担当者の直感は当たっていた。ルネサスは車載用マイクロコンピュータの世界シェア4割程度を占有するトップメーカーだ。その主要工場である茨城県の那珂工場は、我々がホテルの部屋から脱出した頃には、天井は崩れて、電力ケーブルは脱落、製造装置も大きく破損されてしまっていたのだ。その後の被害見積もりでは、生産開始までに9か月くらいかかりそうだという惨状だった。

しかし、ルネサスの被災は、大震災という逆境の中で、日本企業の強さを浮き彫りにする象徴的な事例となったのだ。「マイコン」こと、マイクロコンピュータは、精緻な計算処理でエンジンを制御し、車の性能、安全性、燃費や快適性まで決めてしまう究極の部品で、まさに自動車の「心臓部」といえる。この心臓がなければ、車は生産できない。

マイコンはすべてカスタム品で、工場のライン毎に顧客である自動車メーカーからの認証を得て生産をしているから、簡単に代替が利かない。そのため、那珂工場の操業停止で世界の車の生産に影響が及んだのである。ルネサスの一番顧客のトヨタは、自社の工場が被災したわけでもないのに、部品不足で数週間にわたって全工場がストップし、稼働が正常に戻るのに秋までかかった。

ルネサスだけではない。日本には特定分野で高い世界シェアを持ち、この製品がなければ世界中の最終製品の生産が止まってしまうという「ボトルネック」のポジションを占めるドミナント・ニッチ企業が少なくないのだ。東日本大震災では、リチウムイオン電極バインダーで世界シェア7割を持つクレハのいわき工場の被災、スマホの基盤回路に使われる電界銅箔のシェア7割を生産する三井金属鉱業の上尾工場の停電や、シリコンウェハーで世界シェアトップを走る信越化学の白河工場の電力不足で、世界のサプライチェーンに影響が出た。こうした世界への影響は、日本の大地震は日本だけの問題だと、たかを括っていた多くのグローバルマネジャーたちの意表を突くことになった。

東北大地震の世界の生産チェーンへの波及効果が認識されるとともに、グローバルファンドの運用者らもあわてて関連産業の工場の稼働をチェックしたり、日本企業の一時操業停止に伴って悪影響や恩恵を受ける世界の企業をリストアップする作業に取りかかった。私のところに来る日本企業に関する問い合わせや日本株についてのディスカッションの機会も増えた。大手投資運用機関には、震災直後も日本企業の経営者らが普段どおりに定期的なIR活動のためにやってきたが、そうしたミーティングへの関心も高かった。

グローバルマネジャーらからは、日本の経営者へのお見舞いの言葉とともに、「電力不足への対応はどうしているんですか」「今後の自然災害に備えて危機管理はどうするんですか」「生産拠点は海外などへの分散を考えるのですか」など、矢継ぎ早の質問が飛んだ。日本に投資するとしないにかかわらず、大震災という異常事態をきっかけに、彼らは世界の中での日本企業の存在感を再認識したのである。

また震災という危機は、それに立ち向かった日本企業やひいては日本人の抵抗力の強さについて、グローバルマネジャーらの評価を高めることにもなった。ルネサスは、当初９か月かかると見られた那珂工場の復旧作業を大幅に短縮して、３か月後には生産再開にこぎつけた。コンビニで飲料水のペットボトルを一本買うのに、文句の一つも言わず長い列に辛抱強く並ぶ日本人の姿をメディアで見て感銘を受けた人も多い。「これがアメリカなら、絶対に暴動が起きている。なぜ日本では暴動が起こらないのか」と真顔で聞かれたこともある。

株価こそ急には戻らなかったが、日本をより深いところで見直した投資関係者は多かったのではないかと思う。

その後２０１２年２月の日銀の「バレンタイン緩和」以降、円高は修正軌道に乗り、２０１３年の春には１ドル１００円台、２０１４年の秋には１１０円台の円安となった。１ドル70円台で瀕死の状態にあえいでいた日本の輸出企業があっという間に息を吹き返し、業績は目覚ましく回復した。儲からない日本の業界の代名詞のように言われてきた日本の造船業界までが数年先までドックが埋まる活況となり、ソニーがスマホのカメラに使われるイメージセンサーで世界をリードするなど明るい話題が増えた。

株価が動けば、投資家のセンチメントも理屈も変わる。グローバルマネジャーらは、日本企業の競争力欠落の話題に替えて、韓国企業の競争力低下を口にするようになった。
企業努力でもイノベーションでもなく、為替一つでここまで事態が変わってしまうと、企業の国際競争力とはいかに曖昧なものであるかと思わずにはいられない。

日本に多い「ニッチ・ドミナント」

東日本大震災で注目された企業以外にも、日本にはユニークな「ニッチ・ドミナント」企業が多い。たとえば特殊化学や素材などの産業では、欧米の場合、超大手メーカーの中に吸収されてしまっていて独立系のスペシャリストがあまり見当たらない。近年、親会社の中にいてはその価値が市場から認識されにくいと投資家からクレームがついて、デュポンが特殊化学部門をスピンオフさせたくらいである。しかし日本には、いろいろ面白い企業がある。

日本に出張して企業を回った挙句、「買い物がないね」と手ぶらで帰るファンドマネジャーも、京都で高い茶碗などをお土産に買って帰ったりするが、日本のニッチ企業には、伝統工芸の「巧（たくみ）の技」を思わせる会社も少なくない。

たとえば１９１８年創業でちょうど１００年の歴史を持つ日東電工は、「薄い膜」と「接着」というオハコの技術を多方面に横展開して、携帯電話や液晶テレビ用の光学フィルムから自動車製造に使われる工業用テープ、また皮膚に貼り付けるメディカルパッチなどの医療分野にも進出している。最近ではそれをさらに発展させ、米系ベンチャーを買収して遺伝子治療の分野にも乗り出した。

１９１９年創業の名古屋の日本碍子は陶器のノリタケがルーツで、電線の絶縁のための「ガイシ」部門が、ウォシュレットで有名なＴＯＴＯと枝分かれして始まった会社である。現在ではガソリン車の排ガス用ハニカムフィルターで米国のコーニング社と市場を二分し、中国をはじめとする新興国の環境規制の恩恵を受ける。ハニカムフィルターというのは、蜂の巣のような構造を持ち、熱膨張が小さいので耐熱衝撃性に優れたファインセラミックス、つまり「やきもの」である。

ファインセラミックスといえば日本の伝統を誇る京都にも、スマホ用半導体のセラミックス・パッケージを作る京セラや、ＭＬＣＣと呼ばれる超精密小型のセラミックス・コンデンサを作る村田製作所があり、それぞれの分野で世界シェアトップを誇る。「やきもの」といっても、ＭＬＣＣなどは一層の厚みがサブ・ミクロン（一ミリの千分の一以下）という微小な製品だが、セラミックス焼成のちょっとした工夫や、業界の人が鼻薬と呼ぶ添加物に何を入れるかなどで結果が大きく違ってくるというから、やはりデリケートな日本工芸品の巧の世界を想起させる。

技術に秀でたニッチ企業の極めつけを挙げるとすれば、浜松フォトニクスだろうか。ノーベル物理学賞に結びついた超新星爆発からのニュートリノ観測で、観測機の「スーパーカミオカンデ」に使われた光電子倍増管は浜フォト製だ。極めて微小な光を捉えるこの技術を使えば、広大な宇宙から人体の生化学反応まで測定できる。

こうした企業によれば、不良品率を徹底して抑える量産技術というのは、マニュアルを超えるものだという。アジアの競合がいくら生産設備や材料や工程を真似ても、同じ結果は出せない。だから近年では、熟練した日本の技術者、巧たちが一番のヘッドハントのターゲットとなっている。日本企業に手厳しいメアリーさんも、こうした企業群には一目置くだろう。日本の「ニッチ・ドミナント」を挙げるときりがない。

日本企業のコミュニケーション能力

さて、企業が競争力を持っていても、それが投資運用者に伝わらなくては、実力が株価に反映されない。ファンドマネジャーやアナリストも人間である。彼らの考える日本企業の競争力には、多くの主観も混じる。

グローバル投資ファンドに勤めていた間、私は外国人の同僚らと日本企業と海外企業両方のミーティングに参加した。言葉の壁があれば優秀な通訳を雇えば良いのではあるが、実際のミーティングを見ているとやはり言葉や文化の違いは馬鹿にならないと思う。

人間にはホーム・バイアスがあり、相手が自分と何かを共有していた方が好感を抱きやすい。言葉が通じる、ジョークも通じる、話を聞けば同じ大学に行っていた、共通の知り合いもいることが分かった……もちろん、それだけで株を買ったりはしないが、そういう共通項があると会話の出足からスムーズで、相手に対する親近感や信頼は醸成されやすい。人間は気心の知れた人からの情報を、そうでない人からの情報よりも信頼性が高いと感じてしまうものだと思う。

あるとき先ほどのメアリーさんが、「韓国は日本よりずっとアメリカに文化的に近くて先進的だわ」と私に言ったことがある。

儒教の影響が日本以上に強い韓国文化は相当アメリカ文化とは違うだろうと思った私は、顔中が大きな「クエスチョンマーク」になったのだが、話を聞いたらメアリーさんは、サムスン電子（三星電子）など英語、それも米国アクセントの英語が流暢な韓国企業の重役と会議をした後、英語を話さない日本人経営者と会い、韓国企業とは言葉も価値観も通じるのに、なぜ日本企業ではそれが通じないのかと思ったらしい。

韓国には日本のような産業の裾野の広がりがなく就職も大変だから、伝統的にゆとりのある家庭ほど子どもを積極的に海外に留学させる傾向がある。ＯＥＣＤデータによれば、海外留学比率は日本の3倍以上。ＫＯＳＰＩ市場の時価総額の2割を占めるサムスン電子ともなると、海外投資家の窓口となるＩＲ（インベスター・リレーションズ）部門には当然のように海外育ちの優秀な人材を揃えていて、英語でのアピール力は抜群に高い。

同じことは、台湾や香港のグローバル企業でも当てはまり、ジョンとかデイビットとかビビアンと名乗る東洋人のインベスター・リレーションズ部隊が流暢な英語で投資運用者の相手を務める。彼らはビジネスの相手をファーストネームで呼び合う米国流のカルチャーの中で育成されていて、グローバル投資家が投資判断を下すのにどういうデータを欲しがるかについても熟知している。

最近では英語で人を惹きつけるプレゼンをされる日本人経営者も増えて随分変わってきたとは思うが、それでもグローバル比較の中では、日本企業の自己アピールは劣勢に立たされがちだ。

日本企業のサラリーマン社長の中には性格がシャイなのかそれとも謙遜からか、自分の経営する企業の業績を人ごとのように淡々と話す人が多い。これはグローバルマネジャーらに経営に情熱がない、と思われてしまう。また正確でなくてはならないと思う生真面目さからか、設備投資計画などのごく基本的な質問をされたときに、いちいちその場で部下に数字を確かめるトップもいる。これは、トップなのにそんなことも頭に入っていないのか、と誤解される。さらに事業の具体的な計画を突っ込まれると今後の社内外の調整が心配なのか、はっきりとした答えを返さない経営者も多いが、指導力を疑われてしまう。

顧客が企業相手であるB2B（ビジネス・トゥ・ビジネス）企業になると、「儲かっている」などと下手に言うと後でお客さんから値下げ要求が来る心配があるらしく、良い利益率を叩き出しているにもかかわらず、「あまり儲かりませんな」「これからはこうは行かんでしょう」などと投資家に言ってしまう経営者もいる。

顔はにこにこ笑っているから日本語では余裕たっぷりな感じが十分伝わってくるのだが、ここに間をおいた通訳が入るとニュアンスがうまく伝わらず、外国人投資家には、では業績はこれからは悪化するのかと勘違いされたりする。

コミュニケーション能力の高い薬品業界

でも、経営者の英語でのコミュニケーション能力の業界水準が欧米企業に負けていない分野もある。意外かもしれないが、たとえば日本の医薬品業界がそうである。

大阪の道修町などに本社のある製薬会社の2代目社長や重役らは日本語では関西弁が混じったりするのに、英語は驚くほど流暢で、多くのミーティングで通訳が必要でない。これにはサイエンスそのものがグローバル言語だから、ということもあるのかもしれない。

医薬品業界に投資する運用者の方も高度な専門知識を持った人が多く、なかには医学博士の資格があるのに医療従事者にはならずに投資をやっているというファンドマネジャーもいる。こうした運用者と製薬会社の専門家同士が会話すると、慣れない者の耳には、日本語で聞いても外国語というか宇宙語のようにしか聞こえないが、専門家の間ではまさにツーカーで通じる共通語なのである。

しかし日本の製薬会社の英語での発信力の高さは、医薬品がグローバルな業界であり、経営陣が常に国際競争を意識していることがやはり大きいのだろう。武田薬品のように代表取締役社長をわざわざ外国人にした企業もある。グローバル企業として自社のアイデンティティーから意識改革しようというわけだ。

医薬品会社の新薬開発をめぐる国際競争は凄まじい。競争の焦点となるのは今売れている薬より、「パイプライン」と呼ばれる、認証されて市場に出てくるよりもずっと前の段階にある薬の開発だ。ブロックバスター新薬として当たれば何千億円という将来の収入につながるが、患者数そのものがそう増えない治療分野では、基本的にお互いが市場のパイを奪い合う「ゼロサムゲーム」となるので、他社の有利がそのまま自社の不利につながる。

日本の製薬会社もファイザー、ノバルティス、ロシュなど資金力絶大な世界の巨大企業とのガチンコの戦いを強いられている。

なんとツライ業界だろう。巨額の資金と長い期間をかけて新薬を開発しても、フェーズ1から3までの長い臨床試験のどこかで、期待したような効果が認められなかったり、思わぬ副作用が発覚して、開発中止に追い込まれたりすることも珍しくない。めでたくブロックバスター新薬を市場に送り出すところまでこぎつけても、数年で特許が切れると、たちまち安いジェネリックにシェアが侵食される。シェアを防衛したとしても、これまで2年に1度だった薬価改定が毎年となり、長期収載品の価格はどんどん下がっていく。

しかし、競争が過酷で事業環境が厳しいからこそ、その中で揉まれて国際競争力を磨く企業が生まれているという側面もある。最初は海外大手への投資の参考にするために、関連調査で日本を訪れていただけのグローバル運用者も、やがてその競争力に気づいて日本企業に投資を考えるようになる。

たとえば、小野薬品の株価が2014年から2016年の春にかけて6倍近く高騰したことがある。ガンの治療分野では「免疫チェックポイント阻害剤」と呼ばれる新しいメカニズムの薬が出てきて、従来の「延命薬」ではなくガンの根本治療につながるポテンシャルが期待されている。ものすごく大雑把かつ非専門的に説明すれば、ヒトの免疫細胞にはガンをやっつける機能がもともと備わっていて、免疫細胞が活性化されると「細胞プログラム死（ＰＤ－１）」などと恐ろしげな名で呼ばれる受容体たんぱく質が現れる。ところがガン細胞は、この免疫細胞のＰＤ－１に特定的に結びついてロックアップするＰＤ－Ｌ１という物質を出して、免疫機能がはたらかないようにしてしまう。この新薬は、そうしたがん細胞の自己防衛の機能（免疫チェックポイント）を弱めて、免疫細胞が本来持つ力を蘇らせ、ガンと再び戦えるようにするものだ。

この分野で小野製薬は米・ブリストルマイヤー・スクイブ（ＢＭＳ）と組んで２０１４年７月、世界に先駆けて「オプジーボ」を発売し、メラノーマから非小細胞肺癌、腎細胞癌など、次々に適応症を拡大していった。株式市場では時折、投資家の期待値が一気に膨らんで、10年先の不確実な可能性でも突っ走ってそれを先読みしてしまうことがある。

小野薬品の株価は一時、ＰＥレシオ（株価収益率）が１００倍という高値まで急騰した。残念ながらその後、競合薬が臨床試験で好結果を出したのにオプジーボの試験が不調に終わってしまう、厚生省が特例でオプジーボの薬価の半額引き下げを決めてしまうといったネガティブニュースが続き、株価はピークの3分の1近くまで下落してしまったが、効能そのものが否定されたわけではない。

もともとこの薬のメカニズムは90年代に京都大学が発見し、小野製薬があきらめずに15年以上の歳月をかけて開発してきたものである。他業界に比べて商品のライフサイクルの長い医薬品の世界では、長期的な視野に基づく日本的な経営が功を奏しているのかもしれない。

新薬をめぐる米国のインサイダー事件

さて、投資や金融業界の外にいる人たちからは、時々こうした投資運用者と企業経営者のコミュニケーションの中で、株を動かすような重要情報が耳打ちされているのでは、と疑われるかもしれないが、とんでもない。インサイダー情報で株の取引などしたら、犯罪である。情報を提供した側も受け取った側も厳罰に処されてしまうから、まともな企業経営者が具体的な買収案件や間もなく開示される業績などの重要情報を一部の投資家だけにこっそり教えるなどということはしないし、プロの運用者もそんな質問はしない。

投資運用者の情報収集の基本は、一つひとつは重要ではない公開情報や関連情報の小さなパーツをいくつも丹念に集めて、その断片情報を「モザイク」のようにつなぎ合わせて全体像に迫るやり方である。[22] 医薬品業界の投資では、どの企業のどの新薬のポテンシャルが最も高いか、スペシャリストたちが彼らの持てる高度な医学や薬学知識を総動員して「モザイク」の向こうに透けて見える答えを追求する。

でもある日の朝、ウォールストリートジャーナルを何気なく拾いあげたら、言葉を交わしたことのある米国人のヘッジファンドマネジャーの名前がいきなり一面記事のヘッドラインに出てきて、仰天した。このマネジャーは、ある医薬品企業の臨床試験の情報を、その試験にかかわった医師から耳打ちされ、その情報が公開される前に保有株を売り抜けて、インサイダー取引で逮捕されたのだ。情報提供者には、後から報酬も手渡していたらしい。彼が受け取った情報は、臨床試験で死者が出て新薬の副作用が疑われたという、それを聞

22　「モザイク理論」と呼ばれる

けば多くの人が株を売るような実質的（マテリアル）な重要情報だった。

　このファンドマネジャーには、5年の懲役刑が下された。彼は全米トップクラスの医大を卒業した元医師で、その専門知識をバックに薬の臨床データを深く分析し、綿密に積み上げた分析に基づいて投資結論を導くという投資戦略をファンドの売り物にしていた。ヘッジファンドにありがちな、やみくもにトレードをするようなスタイルではなく、深くファンダメンタルズを追求する投資ファンドだったから、そのギャップに驚いた。補佐役として働いていた冗談好きの若いアナリストを知っていたので、突然ファンドが解体されて彼はどうしたのだろうかと気になった。またこういうとき、渦中の人物の家族はどれほど心痛を受けることだろう。


　このファンドマネジャーの直接の容疑は、インサイダーで得た情報で株を売り、30億円相当の損失が出るところだったのを不正に免れた、というものだった。預かり資産が何千億円と大成功していたヘッジファンドだったから、30億円といってもファンド資産の1％にもならない。犯罪を犯してまで防がなくてはならない損失だとは考えにくかった。

　高度な専門知識を共有するプロたちが親密に集う閉鎖的な空間で、ちょっとしたことから魔がさして、情報を得るための常道を大きく踏み外してしまったのだろうか。インサイダー情報と知りながらトレードをするという、超えてはいけない一線を超えてしまった理由は、「アルファ」のプレッシャーだったのだろうか。

第8章
グローバル市場の中の「アベノミクス」
――「官製市場」の行方をどう見るか

とりあえず、仮名でロペスさんとしておこう。

グローバル投資運用会社では時折、ロペスさんのような「世界をさすらうコスモポリタン（国際人）」を見かけるときがある。国籍もよく分からない。とある新興国の裕福な外国人コミュニティで幼少期を過ごし、教育は欧州の伝統的な寄宿舎学校などで受けたらしい。たまたま良い仕事があったので今はアメリカに住んでいるという感じで、より良い条件があれば、イギリスでもフランスでも香港でも構わないのかもしれない。数か国語を自由に操るようだが、英語も完璧なので何語が母国語なのだかもよく分からない。同僚らと談笑していても、醸し出す雰囲気がまわりのアメリカ人らとはどこか違う。こちらの勝手な想像だが、子どものときからどの場所にも所属しないで育ったせいだろうか、自分は自分という個の意識が強いという意味で、インディペンデントという形容詞がしっくりする。

投資スタイルも、皆が騒いで興奮している市場で、一人醒めた目でそれを見ているタイプのファンドマネジャーだ。株式の売り買いには感情を挟まず、ファンドのポジションの一つひとつは比較可能な「データ」でしかない。たとえば金融関係者の多くが使うブルーンバーグ端末にはRV、「レラティブ・バリュー」という機能があるが、キー一つ押せば同業企業のグローバル比較が瞬時にできる。

「JT（日本たばこ産業）の政府の保有株放出と自社株買いの可能性というストーリーは分かるけど、フィリップモリスやBAT（ブリティッシュ・アメリカン・タバコ）の配当利回りのほうが高いよ」

「NTTやKDDのキャッシュフローが増える？　アメリカのAT&Tの方が成長力があるし、株価のマルチプルも、もっと安いよ」

普段ならこんな調子で日本株の投資アイディアは次々と却下される。ところが、このクールなロペスさんは、アベノミクスの日本株買い市場では、ちゃっかりと日本株を多く保有していたのだ。彼はこう言った。

「今の日本株はミュージック・チェアー（椅子取りゲーム）だ」。

椅子取りゲームの音楽が流れている間は皆が踊っているから、一緒に踊らないといけない。でもその音楽はいつか止まるし、止まることを皆が知っていて踊っている。皆、いつ音楽が止まるのだろうかと考えながら踊っているのだ。音楽が止まりそうになったら、その寸前にダンスをやめて、走って椅子をつかまなくてはいけない。

日本株買いのタイミングを待っていたグローバルファンド

「アベノミクス」を契機にした日本株買い相場は、第二次安倍内閣の発足を待たず、野田佳彦首相の解散表明が明らかになった2012年11月14日から選挙の見通しを読み込んで始まった。日本株はそれまでグローバル市場にさんざ出遅れていたのに、この日を境に年末までの一か月半で、TOPIX指数は2割近くも上昇した。株価の先行きにとくに敏感な証券セクターの指数などはこの短期間に5割も上昇したのだ。

私は、個人的にはこのときの日本株急騰は、「アベノミクス」の一連の政策がなくても、遅かれ早かれ起きていたと考える。

そもそもこの回復前の日本株は、日本企業の実態を離れてあまりにも世界から出遅れていた。２００９年からアベノミクスの日本株買いが始まる直前までに米国のＳ＆Ｐ５００が56％、ＭＳＣＩワールド指数が41％上昇していたのに対して、ＴＯＰＩＸ指数は円ベースでマイナスの13％、ドル建てでもマイナスの２・２７％と、大きく引き離されていた。一方、企業業績の実態は、実は株価が示すほど悪くなかったのだ。法人統計を見ても、２０１１年３月期の経常利益の成長率は前年度比36％と大きく回復していたし、２０１２年３月期も東日本大震災や70円台の「超円高」があったにもかかわらず３・５％とプラス圏を維持。２０１３年３月期も７％の成長、と企業の業績は堅調に回復を続け、実態と株価のギャップがどんどん拡大していたのである。

ロペスさんをはじめ、クールにグローバル市場を俯瞰していたマネジャーらは日本株がファンダメンタルズから見て割安に放置されていることには気づいていた。彼らは日本を買いなおすきっかけを待っていたのだ。「アベノミクス」はそうしたところに、ちょうどタイミング良く飛び込んできた「材料」だった。アベノミクスはすでに日本に自律的に起こりつつあった景気や株価の回復をさらに確実なものにする刺激薬のようなものであったと私は思う。朝になればいずれにしても目は覚めるが、その起きがけのときに強いコーヒーを飲めば、ぱっちりと目があいて頭もすっきりして行動できる。アベノミクスはそんなタイミングで発動されたから、即座に利いたように見えたのだ。

「比較」で買われた日本株

投資ファンドは「投資をする」という行為に対してお客さんから報酬を得ているので、良い投資対象が見つからないからといって預かった資産をキャッシュのまま手元に置いておくわけにはいかない。投資先が見つからなければ顧客に資金をお返しするのが妥当だ。

著名なファンドマネジャーなどでは、市場がクラッシュしそうになったらいったんキャッシュに替えて様子を見ても良いと自由裁量を与えられているケースも皆無ではないが、例外的である。たいていのファンドでは、投資しないで手元に置いておけるキャッシュは預かり資産の5％程度、などと契約で制限されているので、飛びつきたくなるような魅力的な投資対象が見あたらないときでも「どこかに」投資しなければならない。

ロペスさんをはじめ、世界の企業を「データ」として見ているグローバルファンドが急に日本買いを始めた背景には、この頃にはその他の市場の魅力が相対的に落ちていたこともある。グローバル投資家のポートフォリオの中心となっている米国株は２００９年からの連続高パフォーマンスで、ここからさらなる大きなアップサイドは望みにくいという警戒感が強まった。

欧州はギリシャ危機に加えて２０１２年にムーディーズがスペイン国債の格付けを３段階引き下げるなど、むしろこれから長いデフレが始まりそうな気配が濃厚だ。それまで人気だった中国は２０１２年からは成長率が一桁に減速して、過剰投資のツケが懸念されるようになった。加えてカナダに上場していた造林業者の「サイノ・フォレスト」が粉飾決算疑惑で株価が８割も急落し、著名ファンドが大きな痛手を被るなど、中国企業の開示に対する信頼が失墜した。新興国市場もまだら模様で、原油や鉱山などのコモディティ価格が低下したブラジルや豪州やインドネシアも買いづらいし、インドは少し元気があるが株価は高く、ドル債務を多く抱えたその他の国々もドル高局面では買いにくい……。

そうした、あれもダメ、これもちょっと、ああ、どうしよう、という選択肢不足の中で、気がついたら日本株が魅力的になっていた。

長年、日本だけがアンダーパフォームした後で株価も安いし、90年代の不動産バブルの処理はとっくに終わって、家計や民間企業にはキャッシュが余っている。銀行のバランスシートも極めて健全で、欧州のように不良債権の処理がどう進むのかとか、中国のように不良債権バブルがいつ弾けるかという心配をしなくてもよい。オリンパスや東芝などの不祥事はあるが、中国企業に比べたら全般的には開示も信頼性が高い。企業業績は順調に回復しているし、オリンピックという一大イベントも控えている。経営者の株主に対する考えも変化してきて増配や自社株買いも期待できる。

そういえば日本の株式市場は、米国に次いで世界で二番目に大きく[23]、広がりも深みもある市場であったか。多くのグローバル投資家は、日本自体が急に変わって魅力的になったからというよりも、こうした「相対」感のなかで、日本株を見直したのだ。

日本株を「持たざるリスク」

「アベノミクス」のもとでの日銀の異次元緩和の是非やその効果などについては日本のト

ップエコノミストらが賛否両論、侃侃諤諤の議論を展開しているので、そちらは専門家に任せて、私は「グローバル投資家から見た日本株がどう変わったか」に絞って話をしたい。日本株市場が外からどう見られているかということをここまで気にして、ここまで徹底した株価のテコ入れ策を導入した政権も、過去珍しいのではないかと思うからだ。

アベノミクスの「インフレ誘導」にとって、日本株は重要なツールとなった。日本人は世界から見てもたくさんの貯金をしているので、日本の家計にはネットで1500兆円の金融資産が眠っている（2017年6月末）。世の中の気分が明るくなってこの1500兆円が動いて消費や投資に回ったときの経済効果ははかりしれない。1500兆円の民間家計のマネーが2、3％でも動けば、ちょっとした政府の経済対策の効果を超えてくる。「アベノミクス」の「インフレ誘導」というのは、消費者のインフレ期待、言ってみれば人々の「気分」の誘導なのだ。

でも株式市場が沈んでいたらインフレ気分など高まりはしないし、そもそも経済対策を真っ先に掲げて登壇した政権なのに、それでは成果も示しづらい。株は上がってくれないと困るのだ。しかし、日本株を動かすのは外資だから、日本株を上げるには外資を日本株に呼び込む必要がある。

というわけで、グローバル投資家の目の前で、日本政府や金融当局によるなりふり構わぬ株価浮揚策が次々と打ち出されることとなった。

米国の投資家はよく「中央銀行には逆らうな。(Don't fight the FED)」というが、まずアベノミクスの冒頭で日銀の黒田総裁が2％のインフレ目標を打ち出し、市場にコミットしたことの投資家への心理的インパクトはやはり大きかった。そして、その余韻が冷めないうちに、日本の公的マネーによる異例の日本株買いが始まる。

日銀はすでに2010年から年間1兆円程度の日本株買いをやっていたが、アベノミクス発動以降の2014年にはそれが3兆円に増枠され、2016年にはさらに6兆円と倍額に引き上げられた。世界最大の年金基金である年金積立金管理運用独立行政法人(GPIF)も、もともと11％だった日本株の保有枠を2倍以上の25％まで引き上げた。

GPIFは独立機関なので、日本株保有率の引き上げは自主的に決めました、ということになっているが、アベノミクスとぴったり足並みが揃ったこのタイミングでの引き上げは、政府のはたらきかけが全くなかったと考えるほうが不自然だろう。ＧＰＩＦに追随する形で公務員や地方、大学などの共済も日本株の保有比率を引き上げた。

さて、この日銀やＧＰＩＦの日本株買いのインパクトがどれくらいのものだったか。過去外国人投資家が最も日本株を買い越した[24]した２００５年や２０１３年でも、その買い越し額は10兆円から15兆円程度だった。あまり風の吹かない普通の年なら、せいぜい３、４兆円程度の買い越しである。これと対比すれば、すべてが「買い越し」として効いてくる日銀の年間6兆円の購入枠やＧＰＩＦが積み増しをした18兆円規模という金額のインパクトが、いかに大きいかが分かるだろう。

これらの公的マネーの日本株買いが発表されて以降、日本株市場では、日経平均などのインデックスに組み込まれている株が一斉に上昇する日が目立つようになった。今では日銀とＧＰＩＦが東証一部上場企業の半分程度の銘柄で大株主となっているから、「官製市

24　買いと売りを差し引いたネットの買い。

場」といわれてもやむをえないだろう。投資には、人間の「恐怖と欲」がつきまとう。グローバル・インデックスの中の日本株は所詮1割、自分にはあまり関係ないと冷ややかに見ていたグローバル投資家も、日本政府がここまで本腰を入れてくると、日本株を持たざるリスクに恐怖感を覚えることになったのだ。

「資本効率」というグローバル投資家の「勘どころ」

2005年、小泉政権時代に日本株買いが起きたときには、郵政改革や社会保障費の削減などの「構造改革」が市場のホットなテーマとなったが、このときに官邸で主導権を握ったのは財務省だった。一方、安倍政権の官邸で戦略策定の中心となったのは、経済産業省である。アベノミクスの戦略も、「構造改革」ではなく「成長戦略」と呼んでおり、出費を削って財政均衡を目指す前にまず成長でしょう、というあたりに、お役所カラーの違いが出ている。

企業に近い経済産業省が主導権を握ったせいだろうか、アベノミクスは株式市場へのはたらきかけでは小泉政権のときよりはるかにアグレッシブで、グローバル投資家の勘どころをうまくつかんだと思う。

では、そのグローバル投資家の「勘どころ」とは何か。それは、日本企業の「資本効率」である。

ＲＯＥ（株主資本利益率）という言葉がアベノミクス以降、盛んに提唱されるようになったから、メディアなどで見聞きされた方も多いと思うが、ＲＯＥは企業の資本効率を図る一つの指標だ。

「資本」は、正確には「株主の資本」といったほうが分かりやすい。株を買う、ということはすなわち、企業の一部オーナーになる、会社と一体化することだから、この「資本」は株を買って企業のオーナーとなった投資家のマネーだ。投資家は、企業の経営者が資本、つまり自分の預けたマネーを有効に活用して事業の成長につなげ、将来的に株の価値をもっと高めてくれることを期待している。でも、その経営者が株主から預かったマネーである「株主資本」を無駄にしてしまってはその期待どおりにはならない。

子どもに賢く育ってもらいたいと願って、本やパソコンを買うためのお金を渡したのに、その子がお金をゲームで遊んで散財してしまったり、あるいは札束のままタンスに眠らせてしまったり……というたとえになるだろうか。グローバル投資家からは、この日本企業による「株主資本」、つまり投資家が払い込んだマネーの使い方に対してのフラストレーションがとくに高かったのである。

キャッシュを貯める日本企業

リーマンショックが起きて欧米企業の借金経営が問題になる前までは、グローバルファンドの同僚と日本企業を取材すると、「なんで日本の会社はこんなにキャッシュを貯め込むのか」という文句をよく聞いた。一方、キャッシュが「余剰」かどうかについての議論を経営者にぶつけると、会話が剣呑な雰囲気となることもある。

投資運用者「御社の株価はブック（簿価）割れですよ。こんなに株価が割安に放置されているのに、なぜ余ったキャッシュで増配や自社株買いをしないんですか」

企業経営者「いいえ、キャッシュが余ってなんかいませんよ。うちの事業は不安定ですから、財務は保守的に、手元資金は厚めにしておく必要があるんです」

投資運用者「では、なぜ本業に関係がなくて利益の出ないリゾート事業なんか、やるんですか。失礼ですが、株主のことを考えていらっしゃらないのでは」

企業経営者「いえ、事業の多角化は必要です。それに、企業は株主様だけのものでなく、社員を含めたステークホルダー全員のものと考えます」。

多くの場合、こうした議論は平行線をたどる。

じつは、ＲＯＥは企業がキャッシュを貯めると下がってしまう。企業が原材料や従業員の給与や株主への配当などの支払いを済ませたあと手元に残すキャッシュは「内部留保」と呼ばれるが、この貯めておくキャッシュは株主資本の一部となる。ＲＯＥの計算式は以下のとおりだから、分母の株主資本が膨らめばＲＯＥは低下する。

ＲＯＥ（株主資本利益率）＝当期利益／株主資本

要は、使われないキャッシュの分だけ、株主マネーの効率が悪くなるわけである。

これまで述べてきたように、ファンドマネジャーらはアセット・オーナーの「フィデューシャリー」として、顧客のマネーを代理で企業に投資をしている。企業に預ける「株主資本」とはそうしたお客さんのマネーだから、それを無駄にするような企業に投資をすれば、なぜそんな投資判断をしたのかと、顧客から代理人としての資格を問われることにもなりかねない。

一方、企業経営者は株主というオーナーに代わって事業を運営するエージェントでもある。株の運用者から見れば、キャッシュを貯め込んだり浪費したりする経営者は、単に怠惰だというだけにとどまらない。株主資本という他人のマネーを預かることについてのガバナンス（企業統治）が欠落している、マネーを預けた株主に対する信認違反だという、大変深刻な問題に映るのである。

こういう株主マネーの使い方についての意識の高いファンドマネジャーが、業績成長もROEも株価も株主還元も低空飛行しているのに立派な自社ビルが都心の一等地に立っているような企業を訪ねると、高級材が使われてピカピカしたロビーや高価な絵画で飾られた応接室に案内されるうちから会社の危機感のなさにイライラしはじめ、ミーティングが始まるころには最初から喧嘩腰になったりもするだろう。

実際日本企業の中には、会社にあるお金は自分たちのものだと言わんばかりに社長の趣味のジェット機を買ってみたり、他に良い事業プランも見当たらないので余ったキャッシュで財テクをやって損を出したりする上場会社も存在するのだ。

投資家の側からすれば、これでは何のために経営者に株主資本を預けたのかということになる。不要不急なキャッシュがあるのなら企業のオーナーである株主に還元しろ、という議論も当然出てくる。

それに、投資運用者は市場を超えるリターンを上げて付加価値を生まなければならないという、「アルファ」の強烈なプレッシャーの中で仕事をしている。ところがそのマネーを投資した先の企業が呑気にキャッシュを抱え込んだり無駄遣いしたりして低成長・低収益のままだと、ファンドの「アルファ」にもなかなかつながらない。自分のパフォーマンスの観点からも、こうした「分かってくれない」企業に対しての運用者の苛立ちは溜まるばかりだ。

国がかりのROE向上推進策

アベノミクスは、こうしたグローバルマネジャーらの従来からのフラストレーションに対して、ツボを得た処方箋を次々に提供した。

まず、経済産業省主導で一橋大学の伊藤邦雄教授を座長とする「持続的成長への競争力とインセンティブ――企業と投資家の望ましい関係構築」という長い題のついたプロジェクトが2013年に発足し、その提言として2014年8月に「伊藤レポート」が発表された。注目されたのは、この「伊藤レポート」の提言の中で、日本企業は「最低8%のROE(株主資本利益率)」を目指すべきという具体的な数値目標が打ち出されたことだ。なぜ8%かという数字の根拠に詳しい説明はなかったが、グローバル投資家の目線を強く意識したものである。

さらにこの政府方針と歩調を合わせて、日本経済新聞社と東京証券取引所による新しい日本株の指数、「JPX日経インデックス400」が算出されるようになった。JPX400は、従来の日経平均やTOPIX指数などのように、株価や時価総額のみを基準にするのではなく、3年平均ROEや累積営業利益など、利益や資本効率を考慮して採用銘柄を選ぶ。パナソニックやリコーやマツダなど時価総額が大きくても利益率の低い多くの企業が、この新インデックスから除外されてしまった[25]。これは高いROEを上げてJPX400に入らなければ、国際的に競争力のある優良企業とは認められないという市場からのメッセージでもあるから、上場企業の経営者らに大きな衝撃を与えることになった。

「物言う株主」の奨励策

ROEや資本効率向上の掛け声はまだまだ続く。

JPX400開始の一か月後、2014年2月には金融庁が、「日本版スチュアードシップ・コード」を導入した。これは金融機関など日本の機関投資家むけに行動原則を示し

25　この3銘柄は、その後の定期銘柄入れ替えでJPXインデックスに復活。

たもので、投資先企業と「目的を持った対話（エンゲージメント）」を行うよう促している。「目的を持った対話」というのは、要はもっと「物言う株主」になりなさい、と言っているのだ。

日本企業の株の持ち合い比率は90年代の金融自由化以来一貫して低下してきたが、それでも金融機関をはじめ取引先の株式を保有し続けている企業もまだ多い。多くの金融機関や事業会社では、こうした政策保有株のパフォーマンスが悪くてホンネでは売りたいのだが、大口のお客さんの心象を悪くして取引に影響が出ても困る。仕方がないのでモノを言わずに持ち続けてきた、という状況が存在した。そこに、政府が売る口実ときっかけを作ってくれたのである。

政策株を売った企業は、そのキャッシュをより高いリターンが期待できるプロジェクトへの投資や株主への追加還元に回すことになった。

さらに上場企業に対しては、東京証券取引所が「コーポレート・ガバナンス・コード」という行動指針をまとめ、２０１５年の6月から施行された。ＲＯＥという言葉こそ使っていないが、企業が「収益力」や「資本効率」についての目標を示し、それをどうやって達成するのか具体的に分かりやすく株主に説明しなさいと求めているから、言っていることは同じである。企業が取るべき行動指針として70近くもの原則を盛り込んでおり、法的な拘束はないものの「遵守するか、そうでなければ説明せよ（"comply or explain"）」と説明義務が求められたので、上場企業であり続けたいと思ったら、このガイドラインを無視するわけにはいかなくなった。

ＲＯＥの「ダメ押し」は、さらに続く。２０１４年11月、機関投資家に議決権行使のアドバイスを行う助言機関の日本最大手、ＩＳＳ（米インスティテューショナル・シェアホルダー・サービシス）が、５年間ＲＯＥが５％以下で改善が見込めない企業については、経営者を信任しない議決権行使を推奨する方針を表明した。

株主還元期待とＲＯＥ向上の苦肉の策

ＲＯＥ向上とは企業が株主マネーをもっと有効活用するということだから、一連の資本効率化策が畳みかけるように次々出されたことについては、当然のことながら投資家サイドからの評価は高かった。一連の施策は、これまで日本企業は日本という「特殊」なカルチャーで固まっているから変わりっこないと考えていた世界の投資運用者たちの見方を変えることにつながった。

例年、低ROEが変わらない日本企業に業を煮やした知り合いのグローバルマネジャーには、「日本という国は、日本人だけが居心地良く固まろうとする。企業も日本の外から投資マネーを集めているのに、変わろうとしない。もう日本人だけで勝手にやってればいいよ。そのうち、世界から見放されるから」と、パフォーマンスの恨みを日本の「特殊」文化論に昇華させて悪態をついていた人もいた。

この「見放される」というのは、イレレバント（irrelevant、世界にとって関係なくなる）という表現だった。こうした失望の後だけに、グローバルマネジャーからのアベノミクスの資本政策への評価は高く、「ブリリアント！　素晴らしい。一体誰が、安倍さんのブレーンなの？」と、好意的な声が次々と上がったのだ。

もちろんグローバルマネジャーらがアベノミクスを歓迎したのは、実際に一連の株対策を受けて企業の株主還元が増えたからである。景気と業績の回復によって企業に余裕ができたことが、その背景にあった最大の理由だが、2014年3月期は半数以上の企業が増配を決め、自社株買いをする会社も、2015年度が679社、2016年度は753社[26]と増えた。

ROEを上げるには大雑把に言ってふた通りのやり方がある。

一つのやり方は、事業そのものを強くしたり事業の効率を上げたりする方法である。付加価値の高い商品を増やして利益率を上げる、コストを削る、商品売上の在庫回転やキャッシュ回収を効率化する、などがその方法で、前述のとおり「ROE＝当期利益／株主資本」なので、こうしたやり方で分子の当期利益を大きくすれば、ROEは上がる。

もう一つは、分子を大きくするかわりに、分母の株主資本の方を小さくする方法である。これは財務的な方法で、自社株買いをして溜まったキャッシュを減らすとか、すべて自己資本で資金ニーズを賄う代わりに借金を入れてその分（自社株買いや増配などで）資本を減らすことが、それに相当する。

26　アイ・エヌ情報センター、時事ニュース参照。

分母を削る後者のやり方では事業が改善しなくてもROEが直ちに向上するから、即効性がある。また自社株買いは増資の反対で、企業が買った自社株を消却して発行済みの株式数が減ると一株あたりの株の価値は上がるので、自社株買いを発表する企業の株価は上がり、投資家も喜ぶことになる。

企業がROE向上を長期的に目指すこと自体は、株主のマネーを有効に使って競争力も磨くという点から悪いことではない。しかし、アベノミクスでにわかに高まったROEの大合唱の中、企業の間には事業の本質的な改善よりも、何はさておきとりあえずROEの数字を上げなければという付け焼刃的な対応も出てきた。

ヤマダ電機やカシオ計算機などは、「リキャップCB」といって、自社株買いをする一方で、低金利の転換社債（CB）を発行する方法でROEを上げる手法をとった。でもCBは一定の条件に達すれば株式に変わる社債で、株式に転換されれば発行済株式数が増えて一株あたりの価値が減る希薄化が起きる。

そもそも自社株買いで株数を減らしたのに、後からCBの転換で株数を増やすのでは、減らしたいのか増やしたいのか、よく分からない。どうも手数料を稼ぎたい証券会社の勧誘に乗せられてしまったように見えてしまう。

また自社株買いは、経営者が「うちの株は今、割安ですよ」というメッセージを市場に送る効果がある一方で、買い取った資金については、「そのお金は使う必要性がありませんでした」とか、「他に良いプロジェクトが見つかりませんでした」と言っていることにもなる。

株主に還元してしまった資金は当然、次の成長のためには使えない。資金に余裕がない企業は自社株買いや増配を見送ってもよさそうなものだが、それでも、アベノミクスのROE８％のかけ声に応えようと、財務的なやり方でROEの即時向上を図った企業は相次いだのだ。

蘇る「村上ファンド」と日本株アノマリー

アベノミクスで日本企業が変わるという見方が広がると、グローバルマネジャーの間では、これまでとは少々違う日本株へのアプローチも人気となった。たとえば、資本効率や株主還元がすでに高い優良企業を選ぶよりも、むしろこれまで経営が非効率で市場から「クオリティーが悪い」とか「ぼろ株」などと見られて割安に放置されていた銘柄群を選ぶ投資戦略がそれである。すでに優秀で、出来の良いことを市場が理解している銘柄よりも、今まで出来が悪いと思われてきた銘柄のほうが、これから変わる可能性、その変化率が高い。つまり、株が「化ける」可能性が高いので投資妙味がある、という考え方だ。

日本には、経営の効率が悪いためにふんだんに保有している現預金やその他の資産価値が市場から評価されず、株価が割安に放置されている企業も少なくない。中には溜めこんだキャッシュが時価総額[27]と同じかそれを超えてしまっているという極端なケースもある。

株の価値というのは、「企業が行う事業の価値」と「企業が保有するキャッシュ（ネット金融資産＝現預金と負債を差し引きしたもの）」の両方から成り立っているので、保有するキャッシュが時価総額を超えてしまうというのは、市場からその会社の事業には「マイナス」の価値しかないと見なされているのに等しい。実際に事業がよほどひどい損失を出しているのでなければ、ここまでくると株価のアノマリーである。

今までならこうした極端な場合でも、キャッシュは永久に企業のバランスシートに貯められていくだけで投資家には戻ってこないというあきらめがあって見向きもされなかったのだが、アベノミクスのＲＯＥの掛け声のおかげで、企業のキャッシュが配当や自社株買いなどの形で還元される期待がより現実的なものとなったのだ。

実は、こうした日本株のアノマリーに着目するファンドは以前にもあった。２００５年の小泉ラリーの頃注目された「村上ファンド」が、その一つである。

元通商産業省の役人、村上世彰氏が率いたこのファンドは、潤沢なキャッシュを眠らせている資本効率の悪い企業を選んで集中投資をし、「物言う株主」として株主提言を行う「アクティビスト・ファンド」だった。村上ファンドは、東京スタイルやニッポン放送、住友倉庫などをターゲットに株を買い占め、十分な発言権を得たところで経営改善や増配などを「株主提案」として要求した。眠っていたキャッシュが有効活用されれば、そうした「隠れ資産」の価値が市場から認められて大きな株価のアップサイドにつながるからである。

27　株式市場で与えられている価値の総額、株価と発行済み株式数をかけたもの。

しかし、ご存じのとおり、村上ファンドはその後、バリュー投資ファンドというより、限りなく「グリーンメーラー」（保有株の高値での引き取りを企業に要求する者。ブラックメール＝脅迫とドル札の緑色をかけた造語）に近いものとなり、ライブドアのニッポン放送買収案をめぐるインサイダー取引で代表の村上氏が逮捕されたことで２００６年に幕引きとなった。

でもそれからほぼ10年、アベノミクスでいつの間にか「村上ファンド」が復活していたのである。村上世彰氏の娘の村上絢氏が村上家の資産を運用する「C＆Iホールディングス」代表に就任し、テクノロジー関連の商社・メーカーである黒田電気の株を買い集めたうえで、村上世彰氏らを社外取締役にすることなどの株主提案を行ったのだ。

なにやら既視感のある展開だが、「物言う株主」やＲＯＥのプレッシャーの中で、企業の増配や自社株買いの発表が増えている最中だったから、タイムリーなカムバックであったとはいえるだろう。

こうした流れに乗って、日本の国際優良企業ではなく、あえてこれまで聞いたこともなかったような純ドメ企業に、低ＲＯＥや株主還元の変化を期待して投資するグローバルマネジャーたちも増えたのである。

2014年5月には、自己資本比率が75％でROE3％という、典型的なキャッシュリッチ低ROE企業である金属加工機械メーカーのアマダが、利益の半分を配当、半分を自社株買いに充てるという「100％株主分配」を打ち出して株価が高騰したのが象徴的だった。

企業が引け後に大きな増配や自社株買いを発表すると、翌朝の株価はビビッドに反応して、大きく上昇する。一日に取引される金額が限られた中小型株などでは買いが殺到して、取引開始直後はしばらく値がつかない熱狂ぶりになることもある。こうした銘柄をうまく言い当てたファンドマネジャーやアナリストは、「ほら、日本は変わってきた、と言ったじゃないか」と、いわゆるドヤ顔になった。

「成長戦略」への過大な期待

株が動けば、ものごとの実態がそう変わっていなくても、投資家の見方のほうが変わる、という例は多い。投資家は自分が思っていた以上に株が動きはじめると、不安になるものだ。自分が知らない何かをマーケットは見て動いているのではないか。マーケットの動きの背後には何か「構造的」な要因があるのではないか。そして、それを自分だけが見落としているのではないか……。

以前に同じような一過性の市場の動きを繰り返し見ていても、今回は何か違うのではないか、今回は何かもっと構造的な理由があって、市場には持続的な変化が起こっているのではないか、と考えてしまうのだ。

私は小泉政権時代に日本買いが起きたときに、外国人投資家らが「構造改革」期待で大いに盛り上がり、その後大きく失望したことを鮮やかに記憶していたので、2013年の春、アベノミクスの「3つの矢」が発表されたときも、成長戦略についてはグローバル投資家からは冷めた目で見られるのではないかと勘ぐっていた。実際、ロペスさんのような古株マネジャーらは、日本の構造改革には最初から懐疑的だった。

しかし、株が急上昇した直後の市場では、「日本が変わる」という声に勢いがあった。成長戦略への反響は意外なほど強かったのである。

投資家が世代交代して、それまで日本市場を見たことがない若いファンドマネジャーやアナリストたちが「アベノミクス」を契機に日本株にたくさん入ってきたことも理由の一つかもしれない。落ち着いた学者タイプのマクロ専門家までが、アベノミクスの成長戦略によって日本が「構造的に」変わる、と興奮した様子で主張した。とくに彼らが注目したのは、「成長戦略特区」だ。日本の特区のポテンシャルを考えるには、中国の深センなどのケースを考えればよい、経済効果は少なく見ても10兆円は下らない、などの期待の声があがった。

しかしこうした声には、日本の構造変化がすぐさま起こるかのような見方が圧倒的で、あまりにも期待が先行していた。彼らが期待した変化のスピードに比べると、実際の「成長戦略」の実行は、ずっとゆっくりしたものであった。

特定の地域を「特区」にして優遇すると、その選定に漏れて経済活動をよそにもっていかれてしまう地方自治体からは、当然一斉に反対の声が起きる。岩盤規制のしがらみには、各役所の管轄や利害も複雑に絡んでいて、調整には時間がかかる。２０１４年に東京圏や関西圏などの６ヶ所が指定されたのに続き２０１５年と２０１６年にあわせて６ヶ所が

「地方創生特区」に指定されたが、今でも「国家戦略特区」が当初グローバル投資家が期待したような大掛かりなものとなる兆しは見えていない。アベノミクスの「成長戦略」の発表にエキサイトしていたグローバルマネジャーらも、ワクワクしながら発表資料を見たら、そこにはビッグデータの活用から医療、エネルギー、農業分野の改革、「女性が輝く社会」にいたるまで、総花的な従来政策の焼き増しが並んでいただけだったので、「なんだ、これは」と肩透かしをくった格好となった。

その後も毎年6月に新しい成長戦略のアップデートが示されるたび、彼らの期待はしぼんでいった。これはナイーブに大きな期待を抱きすぎたグローバル投資家のほうがいけない、と思うのだが、彼らの失望は、2013年のラリーが反転して2014年に日本株が米国株などに再び出遅れたことにもつながった。

次の下落局面への備えはあるか？

2017年秋現在、米国を中心に世界の株式市場の上昇基調は2009年からすでに9年間も続いており、通常の市場の底からピークまでの平均的な4、5年というサイクルに比べて格段に長い上昇相場となっている。

今の上昇サイクルは通常に比べて長すぎるから、いつクラッシュが来てもおかしくないと懸念する声がある一方で、株価を支える企業業績は堅調で、株価のバリュエーションもバブルには見えない。

これを説明する見方としては、リーマンショックの調整があまりにも急激で激しかったために回復期間が長いのだとする説があり、私は妥当な見方ではないかと思う。大きな調整の後では企業が投資や雇用を戻すのも、また人々が消費を回復させるのも周りの様子を見ながらおっかなびっくり慎重なペースになるので、景気もスローペースでしか回復しないが、その分上昇トレンドは過去のサイクルより長くなる。今の上昇サイクルは２０２０年頃まで大丈夫と見るエコノミストもいる。

ただし、過去の経験則からは、世界景気が減速局面に入った場合に日本だけが自立的な経済成長を遂げて日本株が他のグローバル市場をアウトパフォームするというシナリオは描きにくい。そうなったときに心配なのは、金融財政当局が今回の「アベノミクス」で市場調整局面のバッファとなる持ち駒をすでに使ってしまっていることだ。

寝覚めの朝、強烈に濃いコーヒーを飲んでそこでカフェインを使いきってしまったら、午後の本当に疲れたときに頼るものがなくなる。巨大な政府債務がある中では財政出動も限られるし、「異次元緩和」もマイナス金利のカードをすでに使ってしまっている。日銀が保有する政府債券も、発行額の4割を超えている。すでに日本の上場企業の多くで日銀やGPIFが大株主になっているから、次に日本株市場が調整する局面では、アベノミクスでフル活用された公的マネーによる日本株買いの手も使えない。

これを再びやるためには今の保有株をいったんエグジットする必要があるが、今抱えている大量の日本株をどう売るのだろう。日銀やGPIFなどの「クジラ」が動いたら、それに便乗しようとする投機筋の「サメ」だって集まってくるだろう。

日本の構造改革に懐疑的なロペスさんのように、「官製市場」の色彩が強まった今の日本株を醒めた目で見ているグローバルマネジャーらも多い。パッシブ運用中心の公的資金は、基本的には「物言わぬ株主」だ。ETFなどのインデックス買いには、個別企業の業績や経営者の優劣は関係ない。インデックスに入っている株だから買われる、あるいはインデックスに入っているから売られるだけである。

「日本版スチュワードシップ」で株主に企業との「対話」を促し「コーポレート・ガバナンス・コード」で企業のガバナンス向上を謳っているのに、日本を代表する企業の筆頭株主にこうした「物言わぬ株主」の公的資金がずらっと並び、個々の企業の実績や経営努力がその大株主の売買に何の意味も持たないのでは矛盾する。

株が巨大な公的資金によるインデックスの売りや買いに連動して動くだけで、企業のファンダメンタルズも投資家の目利きも株の価格形成に反映されなくなってしまうのは、いびつな市場だ。そういう市場ならば、投資家は経済や個別企業のファンダメンタルズを分析する代わりに、日銀やＧＰＩＦの次の売買のタイミングを読み越して、ファーストリテイリングなどのインデックス主要株を先回りして売買したほうが投資リターンはあがるだろう。でもそれは、「投機」であって、「投資」ではない。ミュージックチェアーの音楽が止まるときが心配になる今日この頃である。

第9章

誰がマネーの流れを変えるのか？

――始まりつつあるサステイナビリティへの動き

自分のビジネス中心に物事を考える癖がついてしまって顧客や社会のニーズに気がつきもしない金融関係者を笑ったウォール街のジョークに、次のようなものがある。マネーの仕事に携わる職業人らが、自嘲と自戒を込めて口にする寓話でもある。


ある老人が海で一人小舟を浮かべ、静かに魚釣りをしていた。一人のインベストメント・バンカー(28)が派手なモーターボートで近づいてきて、こう囁いた。

「もっとたくさん魚を釣ってお金を儲ける、いい方法がありますよ」

老人はちょっと興味を惹かれて、釣り糸を垂れながら尋ねる。

「ほお。それは、どういう方法なのかな」

「ちょっと借金してはどうですか。船を数隻増やしましょう。プロの漁師も数人雇ってください。そうすれば魚がもっと釣れて、市場に持っていけば魚が売れて、儲かりますよ」

「ほお。儲かったら、私はそれで何をすればいいのかな?」

「はい。成功したら、今度はそのお金で事業を株式会社にしましょう。最初はベンチャーキャピタルのプライベート・ファンディングを募って、その資金で船を数10隻買いましょう。もちろん、近代的な漁業に必要な技術や設備を備えた立派な船です。一気に漁獲高があがって、もっと儲かりますよ」

「ほお。それから？」

「事業が大きくなったら、今度はＩＰＯ（株式上場）をやりましょう。上場会社にすれば、もっともっとお金が集まって、もっともっと事業規模も大きくなって、もっともっと儲かりますよ」

「ほお、それでもっともっと儲かったら、私は何をすればいいのかな？」

「そうですねえ…」とちょっと考えてから、バンカーは言った。

「引退して趣味の釣りをする、っていうのはどうですか」

「ウォール街を占拠せよ」

リーマンショック後に米国で失業率が跳ね上がったとき、「ミレニアル世代」と呼ばれ

28　投資銀行家、顧客の資金調達、株式公開などを助言し、顧問料を得る。

る2000年前後に成人を迎えた若者らを中心に「オキュパイ・ウォールストリート（ウォール街を占拠せよ）」と呼ばれる、金融機関の強欲ぶりに対する座り込みの抗議運動が全米各地で起きた。

スローガンは「我々は99％」。一部の資本家や企業経営者、金融関係者などたった1％の人口が世の中の99％の富を支配し、リーマンショックのような混乱を招いて普通の人々を苦しめているという格差に対する抗議である。座り込み参加者らは金融機関の並ぶビルの間の公園やパブリックスペースにずらっとテントを張って、一日中そこにいた。本物の失業者も混じっているが、身なりも清潔で、どう見てもそれなりに恵まれた家庭の出身にしか見えない学生や若者たちも多い。数日間、数週間にもわたってテントで夜明かしする人々も多く、彼らはジャージのボトムスにフード付きのジャンパーなどのラフな格好をして、気温が急激に下がりはじめた公園で震えていた。

朝の通勤時間になると、「我ら99％は目覚めた」「経済不正義を許すな」「利益より人間を優先しろ」「オレの学生ローン、どうしてくれる？払えっこないぜ！」などと色とりどりに工夫が凝らされた抗議の立て看板が並ぶそばを、スーツ姿の金融関係者らが急ぎ早に職場へと向かう。彼らは、金融街占拠運動の若者たちが陣取る一角にちらっと眼をやるが、すぐその前を通り過ぎていく。

金融機関の勤労者たちも、デモ参加者らが言うことにもっともだと同感する部分がないわけではない。でもひとくちに金融関係者といっても、組織のヒエラルキーの下のほうにいて、ごく普通のサラリーで生活している人も多いのだ。家族を守って生活するためにいろいろなことに我慢しながら真面目に働いているのに「欲望まみれの悪者」呼ばわりされたら、誰もいい気分にはならない。勤労者側から見ればテントの中の若者が、世の中の厳しさを知らない気楽で非生産的な甘ちゃんや社会の寄生者にも見える。

「やれやれ、まだいるのか。こっちは忙しいんだ。お前たちもそろそろ仕事探しにいけよ」と、彼らを指して冷ややかに口走る人もいた。

ピケティが世界で読まれる理由

格差やブラック企業、過労死に環境破壊、それに工場が海外移転した後のシャッター街や駅前の客待ちの長い空車タクシーの列……日本ではよく「アメリカ型モデル」に追随した結果、調和のとれた日本の社会がどんどんダメになっていく、という危機感が語られる。でもその米国でも、呼び方こそ違うが、資本主義システムの行きすぎに対する疑問や反省の声は強い。

近年、フランス人経済学者トマ・ピケティの『21世紀の資本』がベストセラーになり、日本でも話題を呼んだ。エコノミストの間で異論も出て議論が沸騰しているが、コアになっている論理自体はシンプルで分かりやすいし、今の世の中でたいへん説得力がある。すなわち、低経済成長の世の中では、給料など労働に対して支払われる対価は毎年据え置きでほとんど伸びないから、労働者の所得はほぼゼロ成長（g＝0、またはよくて1％）。一方で株や不動産や事業投資ができる資本家が歴史的平均値である5％のリターン（r＝5％）を毎年あげることを考慮すれば、税などによる再分配がなければ両者の富の差はどんどん拡大していくというものである。

ピケティ教授は米国の高所得者トップの1割が全米の5割近くの所得を占め、高資産家トップの1割が7割を越す資産を所有[29]していることをデータで示し、70年代以降の米国で所得格差が拡大した背景として、大企業のトップが数十億円に上る年俸を手にするような極端な報酬制度が関係していると指摘している。

　グローバル化が進み企業の買収や合併も国境を超えて盛んになり、強い企業は世界で事業展開をして優秀な人材を雇い、ＩＴやロボットによる自動化などの効率化投資なども行ってさらに力をつける。こうして巨大な資本を集めた一部の勝ち組企業のトップたちには、巨額の報酬が与えられる――ピケティ教授のこうした主張は、寒空に頬を紅潮させていたウォール街占拠運動の若者たちの「我々は99％」のスローガンと重なる。

　資本主義の終着点が、ごく一部の人々だけが、住んでもいない家を世界各地に持ったり、使いきれないスペースに使いきれないモノをためこんだり、乗り切れない数の高級車を所有したりすることなら、なんのためにこのシステムがあるのか。彼らは若い感性でマネーの論理と社会のニーズとの矛盾をビビッドに感じ取っていたのだろう。

29　２０１０年時点。

リセットのないマネーの集約ゲーム

資本主義市場での企業の競争は、リセットされないゲームに似ている。大勢の人を集めて百円硬貨でコイントスをやって「桜」が出たら百円もらえるが、数字の側が出たら百円玉を没収されるというルールで10回やったら、10回全勝して千円集めるラッキーな人もいるかもしれないし、全敗で終わって千円まる損する不運な人もいるかもしれない（勝ち負けがランダムに発生するゲームなら、別にコイントスでなくてもなんでもよい。主催者側の損得は無視する）。

この初回ラウンドでは、隣の参加者との結果の差はせいぜい数百円程度だろう。しかしこのような単純なゲームでも、集めた金を再分配しないでずっと続けたらどうなるだろう。参加者のスキルではなく「運」や「つき」の差でしかなくても、乱数をどんどん集めれば、それは、次第に鐘のような「ベル・カーブ」の形になっていくという統計学の正規分布の法則にしたがって、数十回、数百回、それ以上と続けるうちに、平均は五分五分で勝ちも負けもしないというところに落ち着くかわり、そのベル・カーブの両端にいる者——大金を手にする者と大損を抱える者——の差は開いていくだろう。

これと同じように、スタート時点では同じ程度の競争力を持った企業が大差なく戦っていたとしても、競争を繰り返すうちに、最初は小さかった企業の規模や体力の差がどんどん開いていく。いつしかプレーヤーの力の差は、競争が始まる前から歴然としているだろう。

ダビデがゴリアテを倒す例が皆無ではないだろうが、たいていは最初から勝負が見えてしまう。

企業は規模のメリットを充分認識しているから、高額の買収資金やインベストメント・バンカーに支払う手数料をかけてでも買収や合併の機会を探る。ＪＰモルガンの「Ｍ＆Ａグローバル・アウトルック」によれば、世界のＭ＆Ａのディールは４兆ドル規模、世界のＧＤＰの４％にのぼる。企業同士が一緒になったり、企業が他社を飲み込んだりしてマネーの集約がますます進むことに、毎年世界の経済活動の４％近くが使われているのだ。

ライバル企業がＭ＆Ａで大きくなれば、同業者も競争に負けないようにと、同じように買収や合併に走る。その業界の中にいる企業からすれば、競合に飲み込まれないように必死にサバイバルをはかっているだけかもしれない。でも外から見れば、より影響力が強くなった少数のプレーヤーが寡占する市場は、限りなく「陰謀」に近いアンフェアな世界に見えてくる。

マネーの偏りに加担する投資業界

株式ファンドのPRで、うちのファンドは勝ち組企業を選別して投資します、と謳っているのはよくあるが、うちは負け組企業に投資します、というのはまず見かけないし、あったとしても投資資金が集まらないだろう。

投資運用者はよく、「釣りをするなら、魚のいる池に行け」と言う。マネーを獲得しようと思ったら、マネーの集まりそうな企業や業界に投資をしたほうが効率的だという意味である。投資運用者はこうして、マネーが集約されている場所を選んで投資をし、マネーの流れの偏りをますます助長していることにもなる。

では、マネーを扱う人々は、こうした状況をどう考えているのか。仕事が忙しすぎて、自分の仕事の及ぼす社会的影響など考えている暇がないと思考停止している人々もいないではない。しかしマネーの動きを毎日見ている人々は、多かれ少なかれ、意識的、無意識的にこうした矛盾を考えている。企業にROEを上げろとお尻を叩いて資本効率ばかりを追いかける投資姿勢の弊害を説く声は、投資にかかわる業界の中からも出ている。

たとえば日本のトップストラテジストのひとり、みずほ証券の北野一さんは、日本のように経済成長が低い国の企業に、米国など成長率が高い国の企業と同じような身丈にあわない資本のリターンが求められることによって、日本の活力が奪われていると主張し、『デフレの真犯人』という著書もお出しになっている。

低成長の国の企業に成長の高い国と同じような資本コストを課すとどうなるか。低経済成長では売上はほとんど伸びないので、8％のROE達成を迫られる企業は、利益をあげるためにコストのほうをカットするしかない。そのコスト削減は、下請けへの受注を減らしたり、労働力の安い海外に工場を移転させ日本での従業員数を減らしたりという形をとるが、そうした選択は、下請け産業や工場のあった地域コミュニティの活力を削ぐ。日本経済の規模が大きくならなければ、コストカットした分のキャピタルが一時的に投資家に回っても、賃金の減少によって消費者の購買力も需要も落ちてしまうから、やがて経済活動全体が縮小していく。つまりデフレの元凶は、無理のあるROE経営のマインドセットではないか、という議論である。

ストラテジストは、「セル・サイド」に所属して、「バイ・サイド」の投資運用者に大局的な投資戦略を提案するスペシャリストである。景気循環からはこの業種よりもこちらの業種のほうが今は投資妙味があるとか、グローバル投資家には今日本株は投資すべきかそれとも敬遠すべきか、などの助言をする。

北野さんがユニークなのは、「セル・サイド」の人なのに、お客さんである「バイ・サイド」の投資運用者らに面と向かって、あなたの仕事はデフレを助長して社会をダメにしていますと事実上言ってしまっていることだ。それなのにバイ・サイドの人気ランキングでは、北野さんはトップストラテジストの一人であり続けている。こうした耳の痛い意見を、投資運用担当者らは真摯に聞いているのだ。

「マネーの代理人」の社会責任

では、どうすればいいのか。

投資の世界に多少なりとも携わった者としては、ここで大きなジレンマに悩むことになる。『21世紀の資本』から見たら、マネーの運用者は、ピケティ教授言うところの高い（r）＝投資リターンを追求して、資本主義の生み出す不公平に加担していることになる。しかしながら、「マネーの代理人」が運用するのは、年金や保険や財団を含む多くの受益者に還元されていく社会性を帯びた顧客のマネーでもある。そして顧客利益の為に最善のケアを尽くすのが、信を託された者のフィデューシャリー・デューティ（受託者責任）でもある。（r）の上がらない会社に投資したのでは、顧客に対する信任義務が務まらず、運用代行業者としては失格となってしまう……。

問題は、中にいる人間にもうまくコントロールの効かないシステム自体の矛盾だ。

プロローグでも述べたように、金融業界で働く職業人の多くは欲にかられた悪意ある人々ではなく、世の中のために何らかの役割を果たしたいという思いを抱いて、顧客や会社や家族のために、日々真面目に働いている。しかし、みなが他人の「マネーの代理人」となっている仕組みの中で、これまで代理人たちに与えられてきた使命は、まず投資リターンを最大化することだった。そこには投資リターンを上げること以外のマネーの論理やマネーの言葉が欠落していたのである。

投資運用担当者のインセンティブにしても「アルファ」という市場相対リターンで決まり、投資運用会社は半年単位など短期間の「アルファ」で、ファンドマネジャーにボーナスを支払っていたりする。顧客から課せられた使命が短期の資本効率最大化だけであれば、マネーの代理人も手っ取り早くリターンを生んでくれそうな企業に投資をして、そうでないところには投資はしない。

その論理に従うかぎり、先進国でのリストラや工場閉鎖をどんどん進め企業買収で他社を飲み込んでドミナントになる企業を応援し、そうしたM&Aで大きくなった企業から馬鹿らしいほどの報酬を得るグローバルCEOたちに声援を送ることになってしまう。

そうしたロジックのもとでは、マネーの代理人たちが懸命に仕事に取り組むほど、マネーは流れるところにますます偏って流れ、そうでないところにはますます流れなくなってしまう。資本効率だけがマネーの論理やマネーの言葉になっているかぎり、投資マネーの作り出す世の中と、社会の求めるものとのかい離は縮まらない。

マネーの言葉を変えろ

米系金融機関に勤めていると、クリスマスシーズンには会社のメールにチャリティへの募金のお誘いがたくさん舞い込む。タキシードやイブニングドレスに正装しての参加が義務づけられるフォーマルなオークションディナーをやる会社もある。クリスマス以外でも、チャリティ10キロ走だとか、ウェイトリフティング（重量挙げ）競争だとか、大人のスペリングコンテストなどもある。たいていは同業者間のソーシャル・イベントだが、募った基金は慈善活動に回される。

これまでもジョージ・ソロスはじめ、成功を収めたファンドマネジャーが私財を投じて社会福祉に積極的に取り組むなどの列は少なくなかった。もちろん、名誉欲だとか、他に使い道がないほど金を溜め込んだからだろうとか、税控除が目的だろうとか、偽善以外の何物でもないとか、いろいろ陰口も叩かれる。でも社会全体の資本効率から考えれば、彼らがもう一軒別荘を建てたり、もう一隻豪華ヨットやジェット機を買ったりするよりも、本当に必要とされる場所にマネーが流れたほうがずっとよい。

しかし、世界を流れるマネーの偏りをより本格的に変えようと思ったら、ファンドマネジャーのチャリティ活動などより、マネーが代理人の間を流れる仕組みの根幹にあるマネーの論理やマネーの言葉から変えていかなくてはならない。

マネーの流れを社会との調和がとれた方向に変えるためには、これまでのような資本効率一辺倒ではなく、社会のニーズと合致した新しいマネーの論理や言葉が必要となる。こうした中で、マネーを扱う業界からも、遅まきながら投資という行動に伴う社会的影響や責任をもっと考えようという動きが出てきた。

動き出したESG

その代表的なものは、近年にわかに投資業界で採択の動きが広がってきた「ESG」である。

ESGとは、E＝環境 Environment、S＝社会 Social、G＝ガバナンス（企業統治）

Governance の頭文字をとったもので、投資の意思決定に、これまでのように企業の業績や利益だけでなく、企業の環境や社会、ガバナンスへの取り組みを考慮しようという投資家の行動指針である。

ＥＳＧは国連の投資責任原則（ＰＲＩ＝Principle for Responsible Investment）のイニシアチブに投資業界が応えたもので、ＰＲＩのウェッブサイトによれば２０１７年10月現在、１８００を超える世界の投資機関がこの原則に賛同している。まず欧州の年金などのアセット・オーナーから採択の動きが始まり、米国の大手投資機関が近年積極採用するようになった。日本も年金管理運用独立行政法人（ＧＰＩＦ）が２０１５年に署名している。

以前から一部の財団や基金が、社会的な配慮からタバコやギャンブル関連の銘柄を投資対象から外すことはあったし、地球環境に優しいと考えられる企業に投資する「環境ファンド」なども存在はした。しかしＥＳＧは、こうした個別の動きを超えて投資業界全体に拡大しつつある、ずっと包括的なフレームワークだ。

従来より一歩踏み込んでいるのは、環境、社会、ガバナンスのそれぞれの項目について、企業を業界ごとにランキングしたり、「指数」で評価する点である。指数で企業を比べることが可能になったことによって、投資家がＥＳＧの高評価を得ている企業を見分けるのが従来より容易になり、投資選択にダイレクトにＥＳＧを反映させることができるようになった。

年金などの発言力のあるアセット・オーナーがＥＳＧを採用すれば、その資金を代行運用するアセットマネジャーも信認義務の一環としてそれを採用せざるを得なくなる。多くの投資運用会社が大あわてでＥＳＧ専門のチームを社内に作ったり、内部リソースが足りない部分は、外部機関にも作業を発注するようになったので、続々ＥＳＧ調査機関や「ＥＳＧファンド」が生まれて、これが新しい業界ビジネスにもなっている。

ＥＳＧは「マネーの代理人」たちに、大きな発想の転換を迫るものである。ＥＳＧが本格採用されれば、アナリストもファンドマネジャーも、これまでのように財務諸表を読んで企業の利益予想をしていればそれでいいというわけにはいかず、企業の社会活動や環境への配慮、ガバナンスなどの非財務情報を、総合的に投資判断の中に織り込んでいかなければならない。また企業のほうも、株主からＥＳＧの取り組みについての要求が高まれば、プロジェクトの経営判断をするときに、利益一辺倒ではなく環境や社会やガバナンスも考慮して決定するようになる。エージェントはお客さんの意向を無視するわけにはいかない。マネーが代理人たちの間を流れる仕組みを考えれば、ＥＳＧの考え方は、意外に早く世の中に浸透するかもしれない。今まではあまり聞かれない言葉だったかもしれないが、今後は日本のメディアなどでも、より頻繁に聞かれる言葉になることと思う。

ＧＰＩＦのＥＳＧへの取り組み

ちょうどこの原稿を執筆している間の２０１７年7月3日、日本の年金積立金管理運用独立行政法人（ＧＰＩＦ）がＥＳＧ指標の選定を発表した。ＥＳＧについては、民間の多くの調査会社や運用機関などがそれぞれ独自に「ＥＳＧ指数」を編み出していて、高スコの銘柄群を組み入れたオリジナルの「ＥＳＧインデックス」を運用する機関もある。今回ＧＰＩＦはＥＳＧを採用するにあたって、そうした「ＥＳＧインデックス」を購入して、パッシブ運用をするという形をとった。14社から27の提案があったそうだが、現在までに三種類のＥＳＧインデックスを採用している。

そのうち二つは、「環境」「社会」「ガバナンス」を全て評価項目に含めた「総合型」指数だが、残りの一つは、「社会」のカテゴリーで女性の社会進出というテーマに的を絞った、「MSCI日本株女性活躍指数（WIN）」というユニークな指数を採用している。

GPIFが「女性活躍指数」を採用したのは、アベノミクスが「女性が輝く社会」を掲げて、2020年までに女性の管理職比率を3割（2013年の課長以上女性比率は推定11％）にすると公約したことを側面支援する狙いもあるようだ。「従業員に占める女性比率」「管理職に占める女性比率」「多様性についての企業のポリシー」など多くの項目をそれぞれ採点して、総合的な「性別多様性スコア」を企業ごとに算出し、時価総額も考慮に入れて、212社（2017年6月時点）をインデックスに入れている。

「性別多様性スコア」だけ見ると、資生堂、ポーラHD、JALなどが上位に並んでいて、なるほどという感じだが、時価総額を加重するので、最終的な「女性活躍指数」には、ご覧のとおり、KDD、アステラス、ブリヂストン、NTTドコモ（2017年5月末現在）などが上位に並ぶ。「女性活躍指数」の株式市場での活躍のほうも、市場のパフォーマンスに負けていないようだ。MSCIの開示によれば、2009年11月30日のインデックス開始から2017年5月末現在までの成績では、WINが年平均11・27％とMS

図18　ＭＳＣＩ日本株女性活躍指数（ＷＩＮ）組み入れ上位銘柄

KDDI
アステラス製薬
ブリヂストン
ＮＴＴドコモ
キヤノン
ダイキン工業
ＨＯＹＡ
三菱ＵＦＪフィナンシャル
三菱電機
リクルート

出典：MSCI.com

CIジャパンの時価総額上位500社の10・68％を若干上回っている。

GPIFは、他にも大量のインデックス投資をしているので、このESG投資によってGPIFの「日本丸ごと買い」という投資の性格が変わるわけではない。しかし、それでも世界最大の年金基金のアナウンス効果は絶大である。GPIFは当面はESG投資に国内株全体の3％を振り向けるとしているが、3％でも1兆円規模になる。

興味深いのは、今回GPIFが採用した3つのESGインデックスが、「深刻な不祥事」や「非常に深刻な不祥事」、また「人権・労働者権利に関する不祥事」が発生している銘柄を採用対象外としていることである。多くのESG指数は国連やILO（国際労働機関）の枠組みを参考に「不祥事スコア」も数値化しており、社会的にインパクトの大きいネガティブな事象を起こした企業は減点の対象となる。

たとえば東芝は、2015年に不正会計問題が明るみに出るまで、CSR（企業の社会的責任）評価は高い企業だったが、不祥事を受け、2016年7月にダウジョーンズのサステイナビリティ・インデックス（DJSI）から除外された。GPIFは、2016年8月に東芝に対して運用機関を通じて損害賠償訴訟を起こしている。

多大な影響力を持つＧＰＩＦがＥＳＧを推進することは、これまで「無形資産」としてマネーの代理人からあまり考慮されてこなかった企業の環境、社会への対応やガバナンスへの認識を高め、マネーの論理やマネーの言葉を社会のニーズと合致する方向に変えていくことにつながり、歓迎すべきことだろう。

企業は誰のものか

ＥＳＧの背景にある重要な考え方は、「社会的責任に配慮することと長期的な投資リターンを最大化するという目的とは矛盾しない」ということである。

つまり、短期的にがつがつ投資リターンを追求するのではなく、長期的に社会に配慮し、社会と調和がとれた投資を行うことこそが、最終的に投資家に持続可能（サステイナブル）な安定利益をもたらす、という考えなのである。逆に、短期的に高い資本リターンが得られたとしても、それが社会的なニーズと合致していない投資の場合には、長期的には投資家のリスクになりますよ、と言っているのだ。

企業はそれに投資をする資本家のものか、それとも企業は投資家だけでなく従業員や地域コミュニティや社会も含めたステークホルダー全てのものか。

前者はどちらかというと、欧米投資家がよく主張する見方、後者は日本企業の経営者に多い考え方である。ＥＳＧから見れば、どちらも正しい。狭義の株式の考え方では、企業のオーナーシップはあくまで株主にある。しかし、一方で企業は社会の中で生かされており、社会のルールを無視したりその利益にそぐわない経営をしたりすれば持続性が失われてしまい、結果的には株主の損失にもつながる。ＥＳＧのフレームワークの中では、この二つの考え方は相反するものではなく、お互いに補完しあうものなのだ。

ＥＳＧを平たくいえば、「長期的に社会的責任に配慮して投資したほうが、結果として得ですよ」という投資家へのメッセージになろうか。人間の「恐怖（fear）と欲（greed）」で動くマネーの性質は、おそらく変わらないだろう。「環境」とか「社会」とか「企業統治」とかお題目だけ唱えていても、インセンティブが伴わなければマネーはなかなかそちらに向かわない。

しかし、社会や環境に配慮したサステイナブルな企業活動や投資行動が、長い目で見れば「得」になりますよという「欲」、あるいは反対に、ショートタームで利己的な投資行為や企業活動をとれば、それが巡りめぐって自らの「損」につながりますよ、という「恐怖」を見せれば、マネーはとたんに敏感に反応する。ＥＳＧ投資が市場のホットテーマになれば、ＥＳＧスコアの高い銘柄の株価が上がるなど、投資マネーが向かうことによってＥＳＧから投資リターンが生まれる。グローバル投資家は、それを理解してＥＳＧに投資をするだろう。

なあんだ、やっぱり投資マネーは利益を追っているだけじゃないか、そんなのは偽善ではないか、とお叱りの声もあるだろう。しかし、ようやく出てきた新しいマネーの言葉に目くじらを立てるよりも、巨大なアセット・オーナーや投資運用機関や企業が参加しやすいフレームワークづくりをして、大きなマネーが社会のニーズと合致する方向に流れたほうがずっと良いと、私は思う。

ＥＳＧ導入の課題

ＥＳＧの取り組みはまだ始まったばかりで、乗り越えなければならない問題点はまだまだ多い。

まず、ＥＳＧには、業界標準もない。ＥＳＧの調査会社や指数会社の間でその手法がまちまちである。ＥＳＧ調査会社Ａ社から高いレーティングを得ている企業でも、Ｂ社の評価では低くなったりすることも起きる。そもそも環境だとか社会だとか企業統治という無形の価値をどう評価するかに、ひとつの決まった正解があるわけではない。ＥＳＧのランキングづけをするといっても、多くの企業をどういう基準で比べるかには、いろいろと工夫が必要になってくる。

たとえば鉄鋼会社とソフトウェア企業の「環境」への取り組みをＣＯ２の排出量で比べたら、鉄鋼会社がソフトウェア会社に比べて圧倒的に不利になるに決まっている。でも世の中がソフトウェア会社ばかりでは実際の産業は成り立たないから、これではいびつな評価になってしまう。また環境への配慮から石油やガス開発企業を投資リストから外してしまった場合、では代替エネルギーとしての原発は本当にクリーンかといったジレンマも生まれる。

そこで、ＥＳＧの企業評価は、通常同じ業界の企業を比較する「同業者と比べてどうか」という相対評価となっている。たとえば鉄鋼会社でも業界でダントツのＣＯ２排出削減を達成していたり、石油開発会社でも業界より汚染事故防止に強力な対策をとっていたら、その企業の環境対策の評価は、業界平均に比べて相対的に高くなる。

さらにＥＳＧ評価をする際、企業の開示情報が不足しているのも問題だ。

たとえば「社会」については、雇用のダイバシティ、職場環境や雇用時間、動物実験排除や汚職・腐敗の防止、「ガバナンス」については企業の内部統制のあり方、外部取締役の数や監査の仕組みや取締役会の独立性、情報開示の透明性、株主への説明義務やその公平性、配当など株主への利益還元姿勢など、数多くのチェック項目がある。これらの項目を評価する調査機関や指数会社は、企業の開示情報を頼りにするしかない。

日本でもすでにＥＳＧの先駆けであるＣＳＲ（企業の社会的責任―Corporate Social Responsibility）報告書を定期的に作成している会社も大手を中心に多く、そうした開示をすでに行っている企業であれば問題はないだろう。

しかしESG査定では、開示がないとそれだけで減点になる。一般的にはまだESGそのものが広く認知されておらず、人的リソースの足りない中堅・小型企業では、ちゃんと基準を満たしているのにそれを開示していないがために、知らないうちにESG格付け機関から減点されている企業もあるようだ。

「インセンティブ」の課題

さらに、ESGを本格的に取り入れようと思えば、「マネーの代理人」の評価方法やインセンティブも、それに合ったものに変えなくてはならないだろう。ESGが長期的なサステイナビリティを謳っているのに、それを請け負うマネーの代理人のインセンティブが今まで通りの短期「アルファ」評価の一辺倒で、ヘッジファンドマネジャーが一山あてたらさっさと引退しよう、などと考えているのではESGの目的は達成されない。ファンドマネジャーのパフォーマンス測定も、クローバックなどを取り入れた長期評価や「アルファ」よりも「シャープ・レシオ」などリスク調整をした後の投資リターンを測る方法を採用したほうがいい。ＥＳＧ取り込みについても、ＥＳＧをどれくらい投資の際に考慮しているかについて、なんらかの評価を導入することが望ましいだろう。

ＥＳＧの企業評価以上に、マネーの代理人のインセンティブをＥＳＧの目的に近づけることは、なかなか難しそうだ。

また株主の「代理人」である企業経営者の報酬についても、グローバルな大企業で現在主流になっているような短期評価のままでは、ＥＳＧの方向にマネーは流れない。こちらも、企業の社会責任への配慮や持続性のある長期経営を促す報酬体系が必要だ。しかし、「マネーの代理人」たちの既得権益を変えることには抵抗も予想される。マネーの代理人のやる気をそがないように、新しいインセンティブの体系を作り出すのは容易ではないと思う。

このようにＥＳＧを本格的に導入するには、まだまだ多くのハードルがある。でも世界のマネーの流れがゆがんでしまって、健全な投資活動や投資対象がなくなって困るのは、アセット・オーナーや投資運用者でもある。ＥＳＧが本格的に世界の投資活動に取り入れられれば、投資家が企業を選別するときには、業績やROEだけでなく企業の経営目標が社会的なゴールと合致しているかを考慮することになるし、企業のリスクを分析する際にも、利益や株価の変動だけではなく企業の社会的責任を推し量ることになる。

また、長期的な「勝ち組」企業とは、単に競合を吸収して業界でドミナントになる企業のことではなく、社会と調和しながら持続的な成長を続ける企業だという見方に変わっていくだろう。直ちに物事が変わるわけではないものの、投資マネーの世界で資本効率一辺倒の発想が変わりはじめていることの意味は大きい。サステイナビリティ（持続性）という言葉を共通語に、新たな模索が始まった。

マネーの流れとサステイナビリティ

マネーは、本来社会や人々の幸福につながるものではないだろうか。姪や甥がまだ幼かった頃、叔母さんの仕事はどんな仕事かと聞かれ、「株式」とは何かを説明しようとして、次のような例を考えたことがある。

りんごがたくさん食べたいと思ってりんごの木を植えようとしても、土地を買って、タネを買って、水をやったり、肥料をやったりするにはたくさんのお金が必要になるのでひとりではできない。でも何人か集まってお金を出し合えばそれが可能になる。立派な木が育ち、りんごがたくさんなって、大勢の人とりんごを分け合うことができる。たくさんりんごがなれば、またその種から次のりんごの木を植えることもできる。

多くの人々が株を買い、企業がそこから資金を得て成長し、社会に有用なモノやサービスを提供し、利益を生み、そして還元する。マネーは本来、それが有効に回れば、さまざまな社会活動やイノベーションの動力源となり、世の中に役立ち、多くの人々をより幸福にするものだ。問題なのは「マネーが流れること」自体ではなくて、公平性や透明性など、「マネーがどう流れているか」であろう。

私は日本の個人投資家に、チャートだけを見て売り買いするデイトレーダーではなく、もっとその会社のことを調べて長期投資をする人が増えればよいのにと思う。

もちろん、投資には常にリスクがあるから、やみくもに株を買え、というわけではない。でも最初に述べたように、大手投資機関には我々個人の年金や保険や預金や寄付金などが集まって、そこから投資マネーが流れている。我々一人ひとりがすでに実態として「アセット・オーナー」として投資をしているともいえるのだ。多くの個人が株主となったり、アセット・オーナーの視線をもって、自分のマネーがどのように「マネーの代理人」たちによって投資されているか、また代理人たちのインセンティブが我々の目的に照らして妥当かどうかに常に目を光らせることは、社会にとって有意義なことだろう。

最近では業績発表後の説明会などがネット上の動画で見られる企業も増えたが、経営者が大手機関投資家を回って事業説明をするときの情報の深度に比べて、まだまだ個人投資家への開示や説明は物足りないと思う。生活者であり消費者でもある個人が「物言う株主」になって、自分たちの生活やコミュニティーも含めた中で企業のあり方を考え、経営者と対話していけば、サステイナブルで社会と調和のとれた経営についての企業の関心も、もっと高まるのではないだろうか。

マネーの論理やマネーの言葉が社会と調和した方向に変わり、マネーの代理人たちがそれに従って投資をすれば、マネーの流れが変わって、資本市場や自由主義経済を取り巻く陰謀論などの誤解も解消するだろう。マネーに携わる仕事も「ハゲタカ」などと呼ばれず、一般からもう少し評価されるようになるであろう。
「サステイナビリティ」がマネーの仕組みの合言葉となる日が待ち遠しい。

ディスカヴァー携書 191

マネーの代理人たち
ウォール街から見た日本株

発行日　2018年1月30日　第1刷

Author	小出・フィッシャー・美奈
Book Designer	秦　浩司（hatagram）
Publication	株式会社ディスカヴァー・トゥエンティワン 〒102-0093　東京都千代田区平河町2-16-1 平河町森タワー11F TEL　03-3237-8321（代表） FAX　03-3237-8323 http://www.d21.co.jp
Publisher+Editor	干場弓子
Editor	千葉正幸　塔下太朗
Marketing Group	
Staff	小田孝文　井筒浩　千葉潤子　飯田智樹　佐藤昌幸　谷口奈緒美　古矢薫　蛯原昇　安永智洋　鍋田匠伴　榊原僚　佐竹祐哉　廣内悠理　梅本翔太　田中姫菜　橋本莉奈　川島理　庄司知世　谷中卓　小田木もも
Productive Group	
Staff	藤田浩芳　原典宏　林秀樹　三谷祐一　大山聡子　大竹朝子　堀部直人　林拓馬　松石悠　木下智尋　渡辺基志
E-Business Group	
Staff	松原史与志　中澤泰宏　伊東佑真　牧野類
Global & Public Relations Group	
Staff	郭迪　田中亜紀　杉田彰子　倉田華　李瑋玲　連苑如
Operation Group	
Staff	山中麻吏　吉澤道子　小関勝則　西川なつか　奥田千晶　池田望　福永友紀
Assistant Staff	俵敬子　町田加奈子　丸山香織　小林里美　井澤徳子　藤井多穂子　藤井かおり　葛目美枝子　伊藤香　常徳すみ　鈴木洋子　内山典子　石橋佐知子　伊藤由美　押切芽生　小川弘代　越野志絵良　林玉緒　小木曽礼丈
Proofreader	株式会社鷗来堂
DTP	アーティザンカンパニー株式会社
Printing	共同印刷株式会社

ISBN978-4-7993-2215-4

携書ロゴ：長坂勇司
携書フォーマット：石間　淳